Roman Motzkus, Berlin Adler, #83

ROMO 83

Ein deutsches Footballleben

*RANDBREITEN*verlag

Verlag für Sport_Literatur

Roman Motzkus

© 2017 RANDBREITENverlag Johannes Busley, Essen

Korrektorat: lektoratwalter, Springe

Covergestaltung: VisiCont GmbH, Berlin

Satz: VisiCont GmbH, Berlin

Herstellung: BoD – Books on Demand, Norderstedt

ISBN Taschenbuch: 978-3-947166-01-5

ISBN eBook: 978-3-947166-51-0

Vorwort

Für gewöhnlich wird das Vorwort eines Buches
- sei es biografisch oder belletristisch -
vom eigentlichen Autoren genutzt, um sich für die Unterstützung seines Umfeldes, Rat gewisser Mentoren oder für Informationen von Zeitzeugen zu bedanken.

Im vorliegenden Fall drehe ich den Spieß um. Ich schildere, wie sich Autor und Verlag gegenseitig befruchtet und unterstützt haben - und beide daran wachsen konnten.

„RoMo" und ich begegneten uns, wie das heute so ist, 2016 im Internet: Roman ist sehr umtriebig, und seinen Fans im Besonderen und Footballsympathisanten im Allgemeinen gern nahe; ich war und bin einer davon.

Für das TV-Format „#ranNFL" von Pro7Sat.1 war er seit 2015 im Einsatz und moderiert (besser gesagt: expertiert) seitdem in wöchentlich wechselnden Moderatoren-Gespannen live Partien der *NFL*, der amerikanischen Profi-Footballliga.

Weshalb dies eine logische und zugleich geschickte Wahl gewesen ist, davon berichtet dieses Buch. Denn „TV-Experten" mit einer tatsächlich auf dem Sportplatz angeeigneten Expertise gibt es nicht wie Sand am Meer.

Begegnet also sind wir uns im Kontext seines TV-Engagements. Durch wiederkehrende, vermutlich nicht immer hundertprozentig ernstgemeinte Aufforderung anderer Fans, er solle doch über seine Zeit als Spitzensportler ein Buch schreiben, keimte die Idee zu *„ROMO 83 – Ein deutsches Footballleben"* auf. Ereifernd wie ich bin, bot ich bald mein (bescheidenes) KnowHow eines ehemaligen Buchhändlers an. Roman bedankte sich freundlich, lies aber früh eine gewisse Skepsis durchblicken; aufgrund seines dichten Terminplans vertagten wir uns auf die Zeit nach der Saison.

In mir „reifte ein Gedanke" (ein wenig verlegerische Großspurigkeit sei mir an dieser Stelle gestattet): Das Internet hat nicht nur die Art und Weise verändert, wie wir uns mit Informationen zu den unterschiedlichsten Themen versorgen, es hat auch die Möglichkeiten und Auswahl potenziert. Webformate zu Nischenthemen (und besonders: -Sportarten) erreichen Menschen und decken Themen in einer Form und Weise ab, die vor wenigen Jahren undenkbar gewesen wäre.

Umgekehrt bedeutet dies aber auch, dass eben jene „Nischeninteressierten" nach Inhalten zu IHREN Faibles aktiv suchen, ja teils gieren.

Das Delta zwischen kleinteiliger, ständig aktuell berichten wollender und zumeist liebhaberisch gestalteter kleinerer und mittlerer Webformate auf der einen Seite, und der anhaltend recht monotonen Auswahl an Übertragungen von, und Berichterstattungen über eine eingegrenzte Pallette von Sportarten und -ligen auf der anderen Seite, zu füllen ist die „Mission RANDBREITEN":

Protagonisten und ihrem Sport, der nicht immer im medialen Fokus steht, eine Bühne bieten.

Die Idee, den Markt der „Sportliteratur" aufzurollen, etwas „anders zu denken" und machen zu wollen, die Leser eben nicht im großen Massenmarkt durch knallige Promotions zu suchen, sondern in ihrer Nische abzuholen, scheint Roman gefallen zu haben.

Gegenseitig konnten wir uns helfen, und dabei stützen, die uns bis dahin jeweils völlig neuen Anforderungen - ein Buch selbst, und ganz alleine zu schreiben einerseits, und so ein Buch zu verlegen, zu vertreiben, und am Ende hübsch aussehen zu lassen andererseits - zu bewältigen.

Danke, Roman.

Der Verleger

Kapitelübersicht:

ROMO 83 – Ein deutsches Footballleben

Wer ist Roman Motzkus?

Ich bin ein Berliner, und zwar ein waschechter! Im August 1969 im Krankenhaus Neukölln geboren, und in Berlin-Tempelhof aufgewachsen. Der Start in das Leben war nicht einfach. Meine Nabelschnur hatte sich dreifach um meinen Hals gewickelt und meine Füße waren krumm und schief. Aber anscheinend habe ich damals schon den notwendigen Ehrgeiz gehabt und konnte mich durchsetzen. Das mit dem Laufen war lange nicht mein Ding. Ich habe mich immer gerne rumtragen lassen und jede Gelegenheit genutzt, mich auszuruhen. Erst als mein drei Jahre älterer Bruder Stephan sich mal einen Beinbruch zugezogen hatte und ich meinem Platz im Buggy räumen musste, fing der Ernst des Lebens an. Auf dem Weg zu Stephans Kindergarten musste ich also nebenher trotten und er saß wie *King Louie* auf meinem Platz. Super…

Laufen fiel mir lange Zeit sehr schwer. Das hing vor allem damit zusammen, dass ich starke X-Beine hatte. Wenn ich geradegestanden habe, und die Knie aneinander lagen, waren die Knöchel vier Zentimeter auseinander. Die Ärzte hatten zwei Alternativen. „Entweder es reguliert sich von alleine durch Einlagen und Sport, oder wir müssen ihm die Beine brechen und richten", sagten sie zu meiner Mutter. Gut, damit war also mein Weg in den Sport vorgezeichnet. Damals war ich zwei Jahre alt, stolperte über meine eigenen Füße und lief meinem Bruder ständig hinterher. Der wollte als er sechs wurde unbedingt Fußball spielen. Das führte dazu, dass er bei Blau-Weiß 90 landete und meine Mutter wurde mal gleich Mannschaftsbetreuerin. Aus Mangel an Babysitter-Kapazitäten nahm sie den mittlerweile dreijährigen Steppke Roman mit zum Training. Sie erinnerte sich ja an die Worte der Ärzte: „Sport wird ihm guttun!" So kam es, dass meine erste sportliche Station in guter deutscher Tradition der Fußball wurde. Bei meinem ersten Training erklärte mir der Trainer: „Das ist der Ball und da drüben ist ein Tor. Der Ball muss mit dem Fuß ins Tor." Gesagt getan, nur schade, dass es das eigene war. Meine Mitspieler fanden das gar nicht so lustig, als ich jubelnd davonlief und freudestrahlend meiner Mama entgegen. Man kann sich vorstellen, dass meine Fußballkarriere nicht lange und erfolgreich war.

Aber trotzdem hat mich auch der Fußball ein Leben lange begleitet. In der Schule habe ich so ziemlich alle Positionen mal gespielt, in den diversen Klassen- und Schulmannschaften. Als beste Position stellte sich irgendwann der Torwart heraus. Da stehe ich sogar heute noch ab und zu mal rum. Muss man halt am wenigsten Laufen.

Ich probierte schon in frühen Jahren viele verschiedene Sportarten aus. Teils durch meine Eltern gewünscht, teils durch Freunde oder eigenes Interesse motiviert. Da gab es Judo, Handball, Hockey und Schwimmen. Letzteres war aber forciert durch meine Eltern. Sie wollten im Urlaub auch mal eine ruhige Zeit und etwas Erholung haben und sorgten schon früh dafür, dass Stephan und ich uns einigermaßen über Wasser halten konnten.

Immerhin schaffte ich schon vor der Einschulung meinen Freischwimmer, und von da an kamen meine Eltern immer gut erholt aus dem Urlaub.

Doch irgendwie war das Schwimmen nicht mein Ding. Das sollte sich später in der Schule zeigen. Als es in der vierten Klasse im Sportunterricht zum Schwimmen ging, war dies das einzige Zeugnis in der Grundschule, auf dem ich keine 1 hatte. Das wurmte mich schon ein bisschen. Zu der Zeit hatte ich aber meine sportliche Jugendliebe schon gefunden. Mit sechs Jahren fragte mich mein Klassenkamerad Norbert, ob ich mal zum Rennen, Springen und Werfen mitkommen wolle. Das klang interessant. So führte mich meine Neugier zur Leichtathletik, der Grundlage meines späteren sportlichen Erfolges.

Beim TSV Tempelhof-Mariendorf fand ich meine Heimat und verbrachte bald fast meine gesamte Freizeit auf dem Sportplatz. Zwar gab es immer mal wieder Ausflüge zu anderen Sportarten, aber ich blieb der Leichtathletik ganz lange treu. Die unterschiedlichen Disziplinen faszinierten mich und die Abwechslung hielt mich bei der Stange.

In der dritten Klasse versuchte ich was Neues und trat der Basketball AG meiner Schule bei. Somit gab es also auch früh den Kontakt mit dem Ball. Werfen, Fangen und Dribbeln fielen mir leicht und Springen konnte ich schon immer gut. Aus Zeitmangel blieb es nur bei dem Einsatz in der Schulmannschaft, dennoch lies mich Basketball nie los. Viel später sollte sich herausstellen, dass dies auch eine gute Grundlage für den Einstieg in den Football sein sollte, doch dazu später mehr.

Mit 14 war es so weit, dass ich in die Leistungsgruppe des Leichtathletikvereins kam und ich lernte meinen langjährigen Trainer Hans-Peter Göbel kennen. Als der mich das erste Mal sah, muss er gedacht haben, was will denn der Junge mit den krummen Beinen hier. Immer noch trug ich Einlagen um meine X-Beine zu begradigen und lief dermaßen über den Großen Onkel, dass der Herr Göbel ein paarmal Angst hatte, ich würde mich beim Laufen verletzen. Ich versuchte auf Drängen meines Trainers sämtliche Disziplinen der Leichtathletik und war überall nicht schlecht, aber auch nirgends richtig gut. Da kam ihm die Idee, dass der Mehrkampf für mich wohl das Richtige sei.

Über Drei-, Fünf- und Achtkampf führte mich mein Weg zum Zehnkampf. Zwischendurch gab es Ausflüge zum Gehen, Dreisprung und Hammerwerfen. Im Hammerwerfen war ich als A-Schüler mit 14 sogar mal Zweitbester in der Jahreswertung in Berlin, mit 28,12 m. Man, war ich stolz. Doch den Erfolg fand ich dann eher bei den Königen der Leichtathletik. Als B-Jugendlicher schaffte ich den Sprung in die Stadtauswahl und wurde

bei den Norddeutschen Meisterschaften Achter.
Ein Jahr später wurde ich Berliner Hallen-Meister im Stabhochsprung. Dazu kam dann in der A-Jugend der Berliner Vizemeister im Zehnkampf. Alles schien den richtigen Weg zu gehen. Doch dann gab es einen Knacks.

Als 18-Jähriger und in der Blüte meines Trainingsfleißes mit 8 Einheiten in der Woche gab es die Trennung von der Jugendliebe, der Leichtathletik. Mit viel Vorschusslorbeeren und hohen eigenen Erwartungen trat ich bei der Berliner Hallenmeisterschaft in der neuen Rudolf-Harbig-Halle an. Aber drei Vizemeister-Titel im Dreisprung, Hochsprung und Hürdenlauf ließen meine Motivation und den Glauben an mich selbst zerplatzen. Dazu kam, dass ich die Norm für die deutschen Meisterschaften nicht schaffte. Außerdem war plötzlich der Drang nach einem Mannschaftssport da. Immer nur alleine und nicht mal die drei Sportler für eine Mannschaftswertung zusammen in einem Verein zu bündeln waren zu viel.

Ich bin extra zum OSC Berlin gewechselt, wo einer meiner Rivalen bereits trainierte. Doch der dritte aussichtsreiche Kandidat wechselte leider nicht zu uns. Und damit war dann auch der Traum von einer Medaille bei den deutschen Mehrkampf-Meisterschaften geplatzt. Da half es auch nicht, dass in meiner Lieblingsdisziplin Stabhochsprung, inzwischen eines meiner Vorbilder, Sergey Bubka, in Berlin trainierte. Nicht mal die Aussicht, mit ihm gemeinsam zu trainieren, half. Die Luft war raus!

Das war 1988. Doch was sollte ich stattdessen machen? Rumsitzen kam nicht infrage. Es gab einige Sportarten, die mich interessierten. Basketball war ja schon immer interessant. Eishockey gefiel mir auch. War ich doch schon seit Mitte der 80er Jahre bei den Spielen des BSC Preußen als Fan bei fast jedem Spiel auf der Tribüne in der Eishalle Jaffeestraße dabei. Und 1985 kam ich erstmals mit dem Football in Kontakt, als ich meinen ersten *Super Bowl* in einer Zusammenfassung in der Sportschau sah. Die Chicago Bears vermöbelten die New England Patriots mit 46-10. Einer der Stars der Bears war Willie Gault, ein ehemaliger Leichtathlet.

Also, was sollte der nächste Sport für mich werden? Basketball hatte ich nie im Verein gespielt und hatte keine Lust irgendwo ganz hinten in einer Mannschaft anzufangen. Eishockey fand ich richtig gut, nur gab es da zwei Kleinigkeiten: erstens das Schlittschuhlaufen und zweitens der Umgang mit dem Schläger und Puck. Das körperbetonte Spiel reizte mich, doch wie sollte ich dagegenhalten können, wenn ich den Schläger noch zum Abstützen benutzen musste.

Ich erinnerte mich an den Super Bowl. Dazu kam, dass mein Bruder einen Arbeitskollegen namens Uwe hatte. Der spielte in der zweiten Mannschaft der Berlin Adler. Uwe nahm Stephan und mich im Herbst 1987 mit ins Mommsenstadion, zum Endspiel der deutschen Meisterschaft. Die Adler gewannen vor 17.000 Zuschauern das Spiel und ihre erste deutsche Meisterschaft mit 37-12 gegen die Baden Greifs. Ich war infiziert! Der Virus hatte mich gepackt. Ich hatte inzwischen nach dem Abschluss der mittleren Reife eine Lehre als Feingeräteelektroniker bei der Siemens AG begonnen. Und dort lernte ich eine Menge neuer Leute kennen. Auch meine damalige Freundin Petra, die Schwester eines Ausbildungskollegen. Petra wohnte in Spandau und hatte über ihre Freunde gehört, dass sich ein paar verrückte Jungs in ihrem Kiez in Spandau regelmäßig zusammen fanden und den Football durch die Gegend warfen. Sie nannten sich Spandau Bulldogs. Petra wurde gefragt, ob sie nicht bei den *Cheerleadern* mitmachen möchte. Das klang gut, und mein Interesse, auch mal selber den Ball in die Hand zu nehmen, war geweckt.

Warum denn nur Football?

Nach der herben Enttäuschung bei der Berliner Meisterschaft im Winter 1988 war mir klar, dass ich keine Lust mehr auf Leichtathletik hatte. Herr Göbel war nicht erfreut, als ich ihm mitteilte, ich werde nebenbei anfangen, Football zu spielen. Mir war auch klar, dass auf die Dauer beides nebeneinander nicht funktionieren würde. Aber da die Kerle am Kiesteich sich ja nur ein-, zweimal die Woche trafen, um zu trainieren, dachte ich anfangs wirklich, dass ich da mal mitmachen kann und sonst halt weiter renne, springe und werfe. Auf jeden Fall wollte ich es ausprobieren. Also ging ich zum Training, ohne zu wissen, was mich erwartete. Da ich ja keine Ausrüstung hatte, wurde mir gesagt, ich soll einfach mal das Aufwärmen mitmachen und dann schauen wir weiter. Die Konditionseinheiten zu Beginn des Trainings waren ein Klacks für mich. Durch das Zehnkampftraining kam ich noch nicht mal richtig ins Schwitzen, während die anderen schon eine Pause brauchten. Linienläufe, *Monkey Rolls*, kurze Sprints und Passrouten laufen ging wie geschmiert. Für mich konnte es losgehen. Doch zu Beginn des ersten *Scrimmage* musste ich erst mal zuschauen. Ich wusste ja nicht, was zu tun war. Außerdem hatte ich ja keinen Helm und Schulterschutz, konnte also die Kontakteinheiten nicht mitmachen. Da ich allen, die es nicht wissen wollten, erzählte, dass ich bisher als Leichtathlet unterwegs war, sagte irgendwann einer: „Stell dich mal da als *Receiver* hin." Der *Quarterback* Rene erklärte mir im Huddle, was ich machen sollte. Er zeigte mir meine Aufgabe, indem er meinen Laufweg auf den Boden malte. „Du läufst hinter der *Line of Scrimmage* lang. Ich pitche den Ball zum *Runningback* und der übergibt ihn an dich!" Heute weiß ich, dass es sich bei dem Spielzug um den *Double Reverse* handelt. Damals hatte ich nur Fragezeichen im Gesicht.

Na gut, dachte ich, er wird schon wissen was er sagt. Dann laufe ich mal los, wenn der Ball im Spiel ist und schaue, wie weit ich komme. Aufstellung! Ich muss noch von außen gesagt bekommen, wo ich mich hinstellen soll. Die Wiese hatte ja keinerlei Markierungen und auch keine seitlichen Begrenzungen. War halt einfach eine flache Rasenfläche mitten in Spandau. „*Down, Set, Hut*" und dann wird der Ball *gesnapped*. Ich laufe nach innen, parallel zur Anspiellinie auf den QB zu und weiß erst mal nicht, was geschieht. Dann sehe ich, wie der Ball vom QB zum RB geworfen wird. Der rennt auf mich zu und ich denke noch, hoffentlich kachelt der mich nicht gleich um! Irgendwie schaffe ich es, die Richtung so zu ändern, dass ich in die richtige Position laufe und er gibt mir den Ball in die Hand. Und jetzt also um die sich prügelnde und schubsende Masse herum und einen Weg nach vorne finden. Da ich um einiges schneller als die meisten Mit- und Gegenspieler war, bin ich ziemlich fix um das große Knäuel an der Line vorbei. Dann mit Vollgas Richtung *Endzone*. Aber wo ist die denn überhaupt? Egal einfach rennen und schauen das dich keiner erwischt. Nach circa 50Metern drehe ich mal den Kopf nach hinten und sehe, dass mir noch jemand hinterher rennt und dabei laut flucht. Also weiter rennen. Die Wiese war dann auch bald zu Ende und ich stoppte doch mal ab, andernfalls würde ich vielleicht heute noch in *Forrest-Gump*-Manier rennen. Ich grinste beim Zurücklaufen über alle Backen. Die Jungs von der *Defense* meckerten rum. „Der hat ja keine Ausrüstung an. Den konnten wir ja gar nicht tackeln." „Ohne Helm und *Pad* kann ich auch so schnell laufen." „Der ist viel zu weit außen gelaufen. So breit ist das Feld ja gar nicht".

Im *Huddle* angekommen gab es viele Schulterklopfer. Ohne Pads kann das echt wehtun. Da ich die Ausreden der Defense ja nur zu gut mitbekommen hatte, fragte ich, ob mir jemand seine Ausrüstung leihen könne. Leider gab es nur ein *Shoulder Pad* eines *O-Liners* und einen Helm der mir viel zu groß war. Egal, Hauptsache ich hatte eine Kappe auf und konnte mich noch mal beweisen. Nachdem ich also das Equipment irgendwie an meinem Körper festgeschnallt hatte, ging ich in den Huddle und war voller Tatendrang. Rene Nadolny, der QB, schaute mich an und sagte denselben Spielzug noch mal an. Und auch diesmal klappte die Ballübergabe, und ich rannte die ganze Strecke noch einmal bis zum Ende der Wiese. Die Defense hielt sich mit Kommentaren zurück und ich hatte Blut geleckt. Ja, das sollte mein neues Hobby werden.

Zu der Zeit ging ich noch relativ regelmäßig zum Leichtathletiktraining, jedoch hatte ich schon bald keine Lust mehr. Ich sagte also meinem Trainer, dass ich aufhören werde und nur noch Football spielen will. Er konnte es nicht verstehen, telefonierte stundenlang mit meiner Mutter, um mich umzustimmen.

Am Ende weinte meine Mama sogar und sagte, sie wisse auch nicht, was mit mir los ist. Gerade jetzt, wo die ersten Erfolge sich einstellten und ich kurz davor stand, den Sprung zu schaffen. Doch das hörte ich schon alles nicht mehr. Ich wollte Football spielen. Die Bulldogs waren zu dem Zeitpunkt noch gar nicht richtig aktiv. Jedenfalls gab es noch keinen Verein und keinen geregelten Spielbetreib. Im März 1988 fand die Gründungssitzung der Spandau Bulldogs statt und ich war eines der ersten Mitglieder des Vereins.

Der Weg von der Bulldogge zum Adler …

1988 gab es noch nicht so viele Football-Vereine in Deutschland. Meistens musste man sich als Abteilung in einem Sportverein angliedern, um überhaupt Trainingsplätze und -zeiten zu bekommen. Die Spandau Bulldogs machten es anders. Als eigenständiger Verein trat man in der neuen Aufbauliga an. Das war zu dem Zeitpunkt die vierte und unterste Spielklasse. Es gab im Verein auch nicht wirklich viele Trainer, schon gar nicht wirklich ausgebildete. Das Training wurde von ehemaligen Spielern anderer Vereine geleitet. Unter anderem meinem Kumpel Uwe, der bis zu einer Verletzung immerhin in der B-Mannschaft der Berlin Adler gespielt hatte. Er konnte, als ehemaliger *Defensive-Line*-Spieler, der Verteidigung der Bulldogs einiges beibringen. Außerdem fuhren wir oft gemeinsam zum Training. Wir hielten auf dem Rückweg oft an unserer Lieblings-Fast-Food-Bude an und aßen dann jeder noch mindestens zwei bis drei Tempelhofer. Das waren Cheeseburger nach geheimem Hausrezept der Imbissbesitzerin. Der Imbiss war genau gegenüber von der Wohnung von Börge, meines Schulfreundes und Wegbegleiters aus der Grund- und Oberschule. Er ließ sich gemeinsam mit mir auf das Abenteuer Football ein. Ich hatte ihm von meinem ersten Training erzählt, und als ehemaliger Handballer war er gut vorbereitet. Als wir endlich unsere erste Football Ausrüstung bekamen, wollten wir natürlich gleich loslegen. Wir gingen also in den Park um die Ecke und zogen unsere Pads an. Dann traten wir eins-gegen-eins an. Immer wieder einer mit dem Ball und der andere musste versuchen, zu tackeln. Ohne dass wir auch nur die leiseste Ahnung von der Technik hatten. Aber darum ging es auch gar nicht. Wir wollten zeigen: „Schaut her, wir spielen Football!" Das ging in der Zeit sogar so weit, dass wir mal extra mit der U-Bahn von Tempelhof nach Spandau gefahren sind. Das waren immerhin 24 km und dauerte 1 Stunde 15 Minuten. In der Zeit kann man auch fast von Köln nach Düsseldorf fahren. In Berlin lediglich von einem Bezirk zum anderen. Und wir wurden von vielen Menschen gesehen! Das war viel wichtiger. Natürlich sind wir normalerweise mit dem Auto gefahren. Uwe hatte einen Camaro und der fiel mindestens genauso auf, wie zwei jugendliche Football-Neulinge in der U-Bahn. Außerdem kamen wir so viel schneller nach Hause und zu unseren Tempelhofern. Den Imbiss am Rathaus Tempelhof gibt es übrigens heute noch.

Bis zum September 1988 hieß es dann also Training, Training, Training. Es gab auch mal ein Trainingsspiel gegen die Jugendmannschaft der Berlin Adler. Gespielt wurde in der Heimstätte der Adler, der Radrennbahn Schöneberg. Da kamen wir uns vor, wie die *NFL*-Profis. Auf dem heiligen Rasen des Deutschen Meisters. Gegen den Nachwuchs, das sollte doch wohl ein grandioser Start in die Geschichte der Bulldogs sein. Wurde es nicht! Die Jungs zwischen 16 und 18 Jahren spielten uns schwindelig. Wir bekamen kein Bein auf den Boden bzw. keinen Ball in die Luft. Wir wurden regelrecht auseinandergepflückt und verloren 0-63. Oder vielleicht noch höher, ich habe nicht genau mitgezählt. Jedenfalls wurden wir ganz schnell auf den Boden der Tatsachen geholt. Was ich zu diesem Zeitpunkt noch nicht wusste war, dass ich einige der Jungs in schwarz-gelb bald wiedersehen würde.

Im September startete die Saison der Aufbauliga, die ersten regulären Spiele der Bulldogs standen an. Das allererste wurde in Flensburg gespielt. Es gab eine deutliche Klatsche. Das störte allerdings kaum einen. Ich habe selten eine Mannschaft erlebt, die Niederlagen so schnell und so gut wegstecken konnte wie die Bulldogs. Da ärgerte man sich kurz, schüttelte sich gut durch und auf der Rückfahrt wurde trotzdem gefeiert. Was mir aber von dieser Aufwärtsfahrt im Gedächtnis geblieben ist, ist der Busfahrer. „Wende Gerd" hat sich an diesem Tag seinen Spitznamen hart erarbeitet und redlich verdient. Ich wusste gar nicht, dass es auf dem Weg von Berlin nach Flensburg und zurück so viele Möglichkeiten gibt, einen Reisebus zu wenden. Glücklicherweise hat er immer die richtige Straßenseite gefunden und wir hatten genug Getränke an Bord. Die erste Saison der Bulldogs verlief wenig erfolgreich. Es gab eine Niederlage nach der anderen. Der einschneidende Moment kam für mich, als wir gegen die zweite Mannschaft der Adler spielten. Natürlich verloren wir auch dieses Spiel. Jedoch konnten wir ab und zu mal andeuten, dass wir dazugelernt hatten. Auf der Tribüne im Mommsenstadion - ja genau das Stadion in dem die Adler ein Jahr zuvor den ersten deutschen Meistertitel gewonnen hatten - saß die halbe Mannschaft des Deutschen Meisters und amüsierte sich köstlich. Unsere Offense war sehr einfach auszurechnen.

Es gab im Prinzip, vier verschiedene Laufspielzüge und vier Passrouten. Lauf links außen, rechts außen, links vom *Center* oder rechts vom Center. Die Pässe waren *5 and out, 5 and in* oder halt das Ganze noch mal auf 10 *Yards*. Das lag vorwiegend daran, dass unser QB damals auf eine längere Distanz nicht genau werfen konnte. Immerhin kamen die kurzen Dinger an, und ich konnte als Tight End einige Bälle fangen und ein paar Yards nach dem Catch erzielen. Zu einem Touchdown sollte es nicht reichen, aber es war genug, um auf der Tribüne für Aufmerksamkeit zu sorgen. Nach dem Spiel kamen einige Spieler der Adler zu mir und fragten mich, ob ich Interesse hätte nach der Saison mal zum Training zu kommen. WOW! Das waren nicht die aus der zweiten Mannschaft, sondern meine Helden vom Vorjahr, das waren echte Footballspieler. Aber erst mal wollte ich noch die Saison in Spandau zu Ende spielen. Die ging dann recht schnell vorbei. Ich erinnerte mich an die Gespräche nach dem Spiel gegen die Adler II und grübelte, ob ich den Schritt wagen sollte. Ich fragte natürlich auch Uwe, der damals sowas wie mein Football-Mentor war. Er bekräftigte meine Meinung, dass es einen Versuch wert sei. Im Dezember 1988 fing das Hallentraining für die neue Saison der Adler an. Ich packte meinen Mut in meine Sporttasche und machte mich auf den Weg zur Luise-Schröder-Halle im Wedding. Wieder so ein weiter Weg zum Training: Aber diesmal waren es nur etwas mehr als 20km. Footballer werden im Winter gemacht, genau wie in jeder anderen Sportart wird die Grundlage für eine gute Saison in der spielfreien Zeit gelegt. Deshalb kam zusätzlich zum Hallentraining auch noch der Sonntagslauf am Teufelsberg dazu. Was sich wie romantischer Nachmittagsausflug anhört, hatte eher was mit dem Namen des Berges zu tun. Wieder einmal lernte ich, meine Ausbildung zum Mehrkämpfer in der Leichtathletik zu schätzen. Denn der Berg aus Schutt des Zweiten Weltkrieges im Berliner Grunewald konnte echt teuflisch sein. Es war ein freiwilliges Training und längst nicht alle Spieler nahmen dieses an. Es ging mehrfach rauf und runter, den Skiberg hoch und wieder herab. Dann am Ende noch ein paar Sprintübungen, das war beileibe nichts für die dicken Jungs der Linie. Aber für einen *Wide Receiver* mit 1,90 m Größe und 93 kg war das schon eher erträglich. Vor allem wenn die Grundkondition noch vorhanden war. Bei jedem Anstieg war ich meinem Leichtathletiktrainer Herrn Göbel dankbar, dass er mich die Jahre zuvor im Winter über die 25-km-Läufe gescheucht hat und in jedem Trainingslager die Bergaufläufe fester Bestandteil waren.

Unvergesslich blieb mir das Weihnachtsfest 1988. Nicht weil es so schöne Geschenke gab, nein, das schönste Geschenk machten Christian Czwalinna und ich uns selbst. Der Heilige Abend fiel auf einen Samstag und am ersten Feiertag, also am Sonntag, wollten wir beide eine Sonderlaufeinheit absolvieren. Czwalli war gemeinsam mit mir von den Bulldogs zu den Adlern gewechselt. Er spielte *Linebacker* und war eines der größten deutschen Talente auf seiner Position. Wir beide trafen uns am Parkplatz des Teufelsbergs und waren auch die einzigen beiden, die sich raus quälten. Dachten wir jedenfalls. Auf unserer normalen Runde kam uns nämlich doch einer entgegen, den wir gar nicht so genau kannten, der uns aber erkannte. Es war Horst „Hotte" Santo. Zu diesem Zeitpunkt, Ende 1988, schon ein alter Haudegen und Urgestein der Adler. Er spielte in der Defensive Line obwohl er nun wirklich nicht der größte und schwerste war. Hotte kam ursprünglich mal vom Vollkontakt-Karate. Er war, um es nett auszudrücken, etwas verrückt. Es gibt die Geschichte, dass er einen Gegenspieler mal aus dem Stand mit einem *Roundkick* flachgelegt hat. Das war zwar ein Foul und wurde auch geahndet, aber das war ihm egal. „Der hat genervt", war die lapidare Aussage dazu. Hotte war einer der fittesten Menschen, den ich je gesehen habe. Er fand es super, dass die beiden Frischlinge trotz Weihnachtsfeiertag trainieren wollten. Er überzeugte uns mit einer flammenden Rede dazu, mit ihm gemeinsam zu trainieren. Ich weiß nicht mehr genau, was dabei alles gesagt wurde, aber es war viel. Wie hart man sein muss, und dass sich Training auszahlt und so weiter und so fort. Christian und ich waren ja schon eine halbe Stunde unterwegs und dachten dann aber, ein paar Bergläufe werden wir schon noch schaffen. Das war eine blöde Entscheidung. Ich bin noch nie so geschliffen worden. Immer wieder sind wir den Skiberg hoch und wieder runter. Die Treppen auf und ab, und auch auf dem Rasen. Doch weder Cwzalli noch ich haben aufgegeben. Das beeindruckte Hotte und wir gewannen seinen Respekt. An den Rückweg zum Auto kann ich mich nicht mehr erinnern. Er muss ziemlich lang gewesen sein, so wie mir die Beine wehtaten. Aber insgeheim war ich ziemlich stolz auf mich selber, dass ich es geschafft hatte, und ich denke, Christian war es auch.

Dann war es soweit, es ging los. Ich hatte erwartet, dass jetzt das knallharte Football-Training beginnt und war dementsprechend etwas unsicher. Schließlich hatte ich so gut wie keine echte Football-Erfahrung. Das was ich bisher gelernt hatte war sehr rudimentär. Dass ich den Helm und das Shoulder Pad richtig rum aufsetzen konnte war schon fast mein größter sportlicher Erfolg zu diesem Zeitpunkt. Aber das Gute war, mehr brauchte ich im Wintertraining gar nicht. Schließlich konnten wir in der Halle so gut wie nie mit Ausrüstung trainieren. Es ging um Konditions- und Koordinationsgrundlagen. Genau mein Ding. Schließlich war das Leichtathletiktraining noch nicht so lange her und ich körperlich topfit. Der Unterschied war zwar nicht mehr so groß wie bei den Bulldogs, aber ich war ganz vorne dabei, wenn es ums Laufen ging. Mein Riesenvorteil, im wahrsten Sinne des Wortes, waren meine großen Hände. Damit konnte ich im Training extrem glänzen. Ich fing viele Bälle und zeigte mein Talent. Zusätzlich half meine Basketballerfahrung aus der Schulzeit. Zum Ende jeder Trainingseinheit wurde noch ein bisschen gezockt. Einige ballerten den Fußball aufs Tor, und in der anderen Hälfte der Halle wurden Körbe geworfen. Und das war mein Glück. Wahrscheinlich hat keiner damit gerechnet, dass der Neue so hoch springen kann. Einige *Blocks* und *Dunkings* später wussten sie dann Bescheid. Dadurch konnte ich schon mal ein paar Ausrufezeichen setzen: Ich durfte auch zum nächsten Training wieder kommen.

Die Adler hatten 1988 einen Umbruch erlebt. Nach dem Meistertitel flogen sie auf Wolke sieben. Der deutsche Verband hatte das Endspiel ins Berliner Olympiastadion gelegt. Nach dem Erfolg vom Vorjahr dachten alle, jetzt machen wir die Hütte voll. Nur leider kam es nicht dazu. Im Sommer spielten die Adler in London in der Endrunde des *Euro Bowl*, der „*Champions League* des europäischen Footballs". Nach dem 43:24 Viertelfinalsieg gegen die Grazer Giants scheiterten sie aber im Halbfinale mit 28:29 an den Amsterdam Crusaders. Dieses Turnier hinterließ Spuren und der Meistertrainer Billy Brooks musste gehen. Brooks war der Stern am deutschen Football-Himmel. Als *First Round Pick* der Cincinati Bengals 1976 war der ehemalige Wide Receiver der erste große Name im deutschen Football. Insgesamt spielte er von 1976–1981 bei den Bengals, San Diego Chargers und Houston Oilers, und konnte 96 Catches für 1720 Yards und 7 Touchdowns erzielen. Nur half ihm das alles nicht mehr. Er wurde freigestellt und musste mitansehen, wie die Adler zu Hause ihr Halbfinale gegen die Red Barons Cologne mit 7-25 verloren. Warum ich das alles so ausführlich erzähle? Weil das für mich eine glückliche Fügung war.

Nach dem Scheitern der Adler und der verpassten Titelverteidigung wurde ordentlich Staub gewischt. Nicht nur Brooks ging, sondern auch sein amerikanischer Quarterback Gene Kennedy. Wie alle damaligen US-Spieler in der deutschen Bundesliga war Kennedy ein US Soldat, der in Berlin stationiert war. Die Adler standen also ohne Headcoach und mit ihrem deutschen Backup Quarterback Rene Schwabe da. Zwar traute man Rene zu, die Mannschaft zu führen, aber für den großen Wurf schauten sich die Verantwortlichen in den USA um. Zuerst wurde Sean Blair aus Kalifornien geholt. Ehrlich gesagt habe ich bis heute noch keine Ahnung, wie der Vorstand auf ihn gekommen ist. Sowas wie Internet und Bewerbungsvideos in den *Social-Media*-Kanälen gab es damals nicht mal in den kühnsten Träumen. Jedenfalls kam er Anfang des Jahres 1989 nach Berlin. Und da er keinen der Spieler wirklich kannte, fingen alle bei null an. Das war meine Chance.

Ich hatte mich entschlossen, dass mein Weg in der ersten Bundesliga weitergehen wird. Ich lackierte meinen Helm von rot auf schwarz um und konnte mir eine Nummer aussuchen. Nur welche sollte ich nehmen? Bei den Bulldogs hatte ich die 85. Die war bei den Adlern aber schon durch Thorsten Carroll belegt, den wohl athletischsten und läuferisch elegantesten Receiver den die Adler je hatten. Die 80, die mir auf Grund meines Vorbildes Jerry Rice von den San Francisco 49ers auch noch gefallen hätte, war ebenfalls schon besetzt. Gerry „Boss" Hogg, eine Legende der frühen Adler-Geschichte trug diese Nummer. Da fiel mir wieder der Super Bowl 1985 ein. Willie Gault von den Chicago Bears war der Mann, der sich in mein Gedächtnis gebrannt hatte. Ein ehemaliger Leichtathlet, der nach seiner Hürdenläufer-karriere als Wide Receiver zu den Chicago Bears kam und dem Super Bowl-Sieg über die New England Patriots seinen Stempel aufdrückte. Er fing im Finale 4 Pässe für

129 Yards. Und er trug die **#83**. Eine Nummer, die in der Historie der Adler bis dahin nicht besetzt war. Das war meine!

Endlich ging es raus auf den Platz und wir konnten in voller Ausrüstung trainieren. Eigentlich war ich ja bei den Bulldogs als Tight End eingesetzt und bei den Adlern als Backup für den etatmäßigen Starter Florian Gneist vorgesehen. Jedoch wurde ich dann doch relativ schnell als Wide Receiver im Training eingesetzt. Das lag einerseits daran, dass ich etwas zu leicht als Tight End war, und andererseits meine Geschwindigkeit besser außen eingesetzt werden konnte. Ich wurde allerdings auch ordentlich getestet. Unser Coach Sean Blair wollte rausfinden, auf welcher Position jeder Spieler seine Stärken hatte. Das galt allerdings vorwiegend für die Neuen. Die Assistant-Coaches Mario Hanratty und Andy Reichel kannten ja ihre Jungs vom Vorjahr. Bei den Rookies war Experimentieren angesagt.

So landete ich dann plötzlich als Runningback hinter dem Quarterback, anstatt außen und weit weg vom Getümmel zu stehen. Nur gut, dass ich noch keine Erfahrungen als RB gemacht hatte. Bisher war ich nur als Receiver, *Tight End* oder als *Returner* im Einsatz. Diese Perspektive, beim *Snap* des Balles hinter der Line of Scrimmage und den dicken Jungs zu stehen, war mir neu. Ich musste mich also auf meinen Instinkt und meine Beweglichkeit verlassen. Dabei konnte ich mir aber den Respekt eines der Leader der Defense erarbeiten. Bei einem Laufspielzug über die linke Seite, einem Sweep außen um die Linie herum, bekam ich den Ball. Ich versuchte ähnlich wie damals bei den Bulldogs, so schnell wie möglich um die Ecke zu kommen, aber das war hier die Bundesliga, da ging alles um ein Vielfaches schneller. Nachdem ich den Ball in der Hand hatte, reagierte ich wie auf Automatik gestellt. Ich bekam einen klasse Block von meinem *Fullback*, der den ersten Verteidiger aus dem Weg räumte. Dann war die Lücke vor mir. Ich zog voll an und rannte los. Ich sah schräg vor mir einen Schatten auf mich zurasen und machte einen kleinen Schritt zur Seite, genug damit mich der heranrasende Zug nicht von den Schienen putzte. Der Zug hieß David Spencer und war der *Safety* des Meisterteams 1987. Nicht umsonst nannten seine Mitspieler den US-Boy „Hollywood". David schoss mit Fullspeed an mir vorbei. Dieser kleine Schlenker hatte den Rookie an einem der Topstars der Defense vorbeikommen lassen. Das konnte er natürlich nicht auf sich sitzen lassen. Er monierte lautstark, dass irgendwas in der Aufstellung oder beim *Blocking* nicht richtig war und der Spielzug noch mal wiederholt werden muss. Aber genau der gleiche. Nun ist es nicht schwer, einen Spielzug zu stoppen, bei dem man weiß, was kommt. Man kann sich also denken, was kam. *Sweep* über links, immerhin der erste Block saß wieder, und da kam der Zug wieder. Diesmal allerdings ein bisschen langsamer und kontrollierter. Damit er mich auch ja nicht verpassen konnte. Es rumste ordentlich und ich war froh, dass die neue schwarze Farbe von meinem Helm nicht abplatzte. Ich wusste natürlich, was auf mich zukam und versuchte die Körperspannung so hoch zu drehen, dass ich den Aufprall irgendwie abmildern konnte. Das gelang nicht ganz, aber ich konnte den Ball festhalten. Obwohl ich zu diesem Zeitpunkt noch nicht genau wusste, wie man den Football richtig sichert und einen *Fumble*, also das Freiumschlagen des Balles, verhindert. David ließ keine Gnade walten und schoss mich komplett aus der Wäsche. So fühlte es sich wenigstens an. Aber Schwäche zeigen und liegen bleiben ging nicht. Ich versuchte mich so schnell wie möglich aufzurappeln und tat so, als wenn mich das nicht beeindruckt hätte. Ich sagte keinen Ton, auch weil ich es in dem Moment gar nicht konnte, drehte mich um und joggte zurück in den Huddle. Und das beeindruckte David, wie er mir Jahre später erzählte. Und wenn du dir in einer der ersten Trainingseinheiten den stillen Respekt von einem der Leader des Teams erarbeitest, dann bist du auf dem richtigen Weg.

Das Training lief von Januar bis Ende März 1989 relativ ruhig vor sich hin. Die Querelen um den ehemaligen Quarterback Gene Kennedy und die angebliche fehlende Qualifikation des neuen Headcoaches Sean Blair gingen vorüber. Auch dass das erste Testspiel der Saison gegen die Ansbach Grizzlies kurzfristig von den Franken abgesagt wurde, war schnell vergessen. Aber Anfang April änderte sich etwas im Team, dass die Adler und auch meinen Werdegang maßgeblich verändert hat. Am 05. April gaben die Adler die Verpflichtung von Clifford Madison bekannt. Unser neuer Quarterback kam auf Empfehlung von Coach Blair zu uns und zeigte sofort, was ihn ausmacht. Der wohl wurfgewaltigste Arm, den Football-Deutschland je gesehen hatte. Wenn wir mit Rene, unserem bisherigen QB trainiert haben, konntest du als Receiver nach 40 oder 50 Yards Sprint austrudeln, da war Schluss mit der Reichweite. Bei Cliff war das anders. In den ersten Trainingseinheiten flogen uns die Bälle nur so um die Ohren. Die kamen wie von einem Katapult geschossen. Nicht selten war bei einer *„Fly-Passroute"*, bei der es nur darum ging, so schnell wie möglich geradeaus Richtung Endzone zu sprinten, der Ball eher in der Endzone als wir. Und dabei machte es keinen Unterschied, ob wir 10, 20 oder 60 Yards rennen mussten. Austrudeln gab es nicht mehr. Es hieß immer, aber wirklich immer, Fullspeed bis zum Ende. Wir hatten nicht viel Zeit, uns aneinander zu gewöhnen, nur wenige Tage nach Cliffs Ankunft stand unser einziges Vorbereitungsspiel an. Die Amsterdam Crusaders kamen nach Berlin. Ausgerechnet die Mannschaft, die den Adlern im vergangenen Jahr den Traum vom Euro Bowl zerstörten. Da waren also noch ein paar Rechnungen offen.

Mich kratze das ehrlich gesagt nicht wirklich. Zu der Zeit der Niederlage rannte ich footballtechnisch noch mit der Trommel um den Weihnachtsbaum. Dafür aber kribbelte es jetzt ganz schön in mir. Es war zwar nur ein Test, aber mein erstes Spiel in schwarz-gelb, den Teamfarben der Adler, der erste Auftritt auf der großen Football-Bühne. Bisher spielte ich ja nur vor 50 oder 60 Freunden und Familienangehörigen. Jetzt saßen da 2.000 Menschen auf der Tribüne im Radrennstadion Schöneberg.

Das Spiel war wie ein Rausch. Erst der Einlauf ins Stadion, durch den langen Tunnel unterhalb der Holzbahn. Dann die Geräuschkulisse während des Spiels. Ich versuchte einfach, alles auszublenden so gut es ging. Ich war als Wide Receiver in der *Starting Offense* und spielte von Beginn an. Es entwickelte sich ein enges Spiel. Nur eine Woche zuvor besiegte Amsterdam den amtierenden Deutschen Meister, die Red Barons Cologne mit 28-5. Das war eine echte Ansage. Wir konnten zwar durch ein Field Goal von Thomas „Schwammi" Schwambach mit 3-0 in Führung gehen, jedoch zeigte sich, dass die Crusaders schon besser eingespielt waren. Sie übernahmen das Kommando und führten in einer engen Partie kurz vor Schluss mit 20-13. Dann schlug die Stunde für Cliff und mich. Zwei Minuten waren noch zu spielen und wir hatten den Ball in der eigenen Hälfte. Coach Blair ließ uns in der *Shotgun Double Slot Formation* spielen. Das bedeutete wir hatten vier Receiver auf dem Feld, nur einen Runningback und der Quarterback stand ein paar Meter hinter dem Center, damit er etwas mehr Zeit zum Werfen hatte. Ich bekam eine Passroute angesagt, bei der ich erst einen tiefen Pass über die Mitte antäuschen, und dann im 45 Gradwinkel zum QB zurückkommen sollte. Der Spielzug war nicht dazu designed, sofort einen Touchdown zu erzielen, eher wollten wir erst mal einen First Down rausholen und den Ball etwas bewegen. Ich konnte mich freilaufen und Cliff feuerte eine richtige Rakete ab. Der Ball kam genau auf meine Brust geschossen und meine Hände waren im richtigen Moment oben. Da kein Verteidiger in meiner Nähe war, konnte ich mich umdrehen und Richtung Endzone stürmen. Ein genialer Block meines Counterparts Frank Stahnke ebnete mir den Weg. Da war er: mein erster Touchdown im Adler-Trikot. Wir lagen noch einen Punkt hinten und wollten gewinnen. Es war ja nur ein Vorbereitungsspiel, aber wenn nicht jetzt, wann sollte man es sonst üben. Also entschieden sich die Trainer, nicht den üblichen und relativ sicheren *Extrapunkt* zu *kicken*, sondern den Ball noch einmal von der 2-Yard Line aus in die Endzone zu bringen. Gelingt es, dann bekommt die Mannschaft zwei Punkte. Und es gelang! Ein kurzer Pass von Madison auf Florian Gneist und wir führten 21-20. Dazu kam dann noch kurz vor Schluss eine Meisterleistung der Defense. Thorsten Fischer und Eckhart Rankl stoppten den QB der Crusaders in der eigenen Endzone. Safety und zwei Punkte mit Ballbesitz Berlin. Endstand 23-20. Revanche geglückt.

Keine Sorge, ich werde jetzt nicht jedes einzelne Spiel meiner Karriere so ausführlich abhandeln. Das erste behält man aber ganz besonders in Erinnerung, vor allem wenn das Team um einen herum so motiviert und enthusiastisch ist.

1989 war die deutsche Bundesliga noch in vier Staffeln aufgeteilt. Es gab jeweils im Süden und Norden eine A- und B-Gruppe. Die Adler spielten in der Nord B und die reguläre Saison startete mit einem deutlichen Heimsieg gegen die Assindia Cardinals aus Essen. 73-0 stand es am Ende. Zwar punktete ich nicht in diesem Spiel, aber das war auch egal. Es sollten noch ganz andere Partien und Möglichkeiten kommen. Unter anderem bei dem nächsten Auswärtsspiel gegen die Hilden Hurricanes. Es wurde der höchste Sieg, den die Adler jemals erzielten. Mit 108-0 (!!!!) schlugen wir den hilflosen Gastgeber. Drei Touchdowns durfte ich dazu beitragen und war erstmalig bester Punktesammler einer Partie. Und das in meinem zweiten Bundesligaspiel überhaupt. Die Spiele zu Saisonbeginn forderten uns nicht wirklich. Da war das Training schon wesentlich anspruchsvoller. Das lag vor allem daran, dass unsere eigenen Mitspieler in der Defense zu dem Besten gehörte was Football-Deutschland zu bieten hatte. Wenn du drei-, viermal in der Woche immer wieder gegen richtig gute Passverteidiger antreten musst, dann ist die Leistungsentwicklung enorm. Wir hatten mit Volker Busch, Shuan Fatah, David Spencer, Ralf Kipp und Claudius Ladewig ein richtige starkes *Defensive Backfield*. Dazu kam, dass die Jungs in der ersten und zweiten Reihe der Verteidigung mindestens genauso stark waren. Die Defensive Line und die Linebacker standen den *Passverteidigern* in nichts nach. Wenn du im Training mal nicht voll bei der Sache warst, hast du das doppelt bitter bezahlt. Nicht nur, dass dir die Jungs aus der Defense liebend gerne ein kleines Geschenk in Form eines harten Hits mitgegeben haben, nein du musstest auch jede Woche darum kämpfen, einen Platz im Flieger zu bekommen.

Da wir zu Auswärtsspielen in der Bundesliga Nord B jedes Mal nach Nordrhein-Westfalen reisen mussten, planten die Verantwortlichen im Vorstand freundlicherweise mit einer Flugreise für das Team. Nun konnten aber nicht alle 50 Spieler, plus Trainer und Betreuer die Reise antreten. Deshalb wurde jeden Freitag vor einem Auswärtsspiel eine Liste ausgehängt. Bist du drauf, hast du einen Platz im Flieger. Wenn nicht, verbringst du das Wochenende zu Hause auf der Couch. Bei einem Kader von ca. 60 Spielern war also fast jeder zweite bei einem Auswärtsspiel nicht dabei.

Das Training war aus einem anderen Grund für uns Wide Receiver eine Herausforderung: Clifford prüfte bei jedem Wurf Mensch und Material. Wir hatten über die US-Kontakte von Coach Blair *Receiver-Handschuhe* bekommen. Die gab es damals in Deutschland noch nicht. Wir mussten sie selber bezahlen, die waren schweineteuer und es gab sie nur in blau. Was absolut nicht zu unseren Vereinsfarben passte, aber das war egal. Die Handschuhe waren außen aus Stoff und die Handflächen waren gummiert mit einer speziellen Beschichtung, um den Ball besser festzuhalten. Unser Quarterback warf den Ball bei einigen Passrouten so hart, dass die Nähte der Handschuhe beim Fangen platzten! Da wir ja keinen unbegrenzten Vorrat an neuen hatten, mussten die vorhandenen Handschuhe also ausgebessert, genäht und gepflegt werden.

Bei manchen bekamen die Handschuhe mehr Aufmerksamkeit als der Rest des Equipments: wir trieben es auf die Spitze und gaben uns selber den Namen „Mad-Dogs". Das ließen wir auf Stoffaufnäher sticken, und nähten diese auf die Handschuhe. Nur gut, dass die Dinger nicht ewig hielten und die Mad-Dogs damit dann auch schnell wieder aus dem

Sprachgebrauch verschwanden. Im Schnitt mussten ein Paar Handschuhe ungefähr eine Saison halten. Erst als es nach und nach mehr Möglichkeiten in Deutschland gab, an gute Ausrüstung ranzukommen, konnten wir den Lebenszyklus der Handschuhe etwas verkürzen. Bis dahin mussten die Fanghelfer auch des Öfteren mit Seifenwasser gespült werden, damit die Gummierung wieder griffig wurde. Klingt zwar komisch, war aber so.

...zum Nationalspieler

Nach nur drei Spieltagen der Saison 1989 kam eine weitere Überraschung für mich. Die Europameisterschaft sollte im Sommer in Deutschland ausgetragen werden. Ende Mai lud der Head Coach des Team Germany Walter Rohlfing vier Spieler der Adler zu einem Sichtungs- lehrgang. Kicker Thomas Schwambach, Runningback Matthias Maruhn, Tight End Florian Gneist und Linebacker Eckhart Rankl. Da Ecki wegen einer Verletzung nicht fahren konnte, schickten mich unsere Coaches einfach auf Verdacht hin. In den drei Tagen waren wir unter Dauerfeuer. Erst ein *Cooper-Test*, bei dem du in 12 Minuten so viele Runden um die Tartanbahn rennen musst wie du kannst. Nur gut, dass noch einiges aus der Leichtathletikzeit übrig war. Dann wurde noch dreimal am Tag trainiert und es gab noch *Theorieeinheiten*, bei denen die Spielzüge gepaukt wurden. Und zum Abschluss dann ein Scrimmage, ein internes Trainingsspiel unter Wettkampfbedingungen. Da ging es richtig zur Sache. Jeder kämpfte um seinen Platz im Kader mit dem Bundesadler auf dem Helm. Das ganze vor dem Hintergrund der Heim-EM im August und dem nächsten Auswärtsspiel der Adler am kommenden Wochenende in Monheim. Es lief richtig gut für uns vier, und am Ende des Lehrgangs wurden wir alle zusammen in den Kader berufen. Das Camp war am Freitagabend beendet und es lohnte sich nicht, von Baden- Württemberg wieder nach Berlin zu fahren. Wir mussten ja am Sonntag in Monheim spielen. Also nahmen wir freundlicherweise die Einladung unserer „Rivalen" aus

Dortmund an und übernachteten kurzerhand bei unserem Divisionsgegner den Giants. Wir ließen am Samstagabend noch ordentlich die Kuh fliegen und feierten gemeinsam mit den Spielern der Giants eine nette Sause. Tobi Gerland sorgte dafür, dass wir an keiner Tür anstehen mussten, er kannte alle Türsteher in Dortmund mit Namen. Und auch die anderen frisch gekürten Nationalspieler aus Dortmund waren mit unterwegs. Das Spiel am nächsten Tag war noch so weit weg, das realisierten wir noch gar nicht. Unsere Coaches waren natürlich nicht wirklich erfreut, als sie uns am Sonntag zwar pünktlich, aber mit dunklen Sonnenbrillen zum Spiel begrüßten. Nur waren diese Anstrengungen des Camps und die anschließende Feier anscheinend so eine Art Naturdoping gewesen. In einer wahren Hitzeschlacht, bei 35° im Schatten, nahmen wir die Monheim Sharks mit 89-0 regelrecht auseinander. Allein 63 Punkte erzielten die frisch gekürten Nationalspieler Thomas Schwambach (15), Florian Gneist (18) und Roman Motzkus (30). Von meinen fünf Touchdowns waren nur zwei per Passfang erzielt. Drei konnte ich durch Returns verbuchen, wobei ich einen Kickoff und zwei Punts jeweils fast über das ganze Feld zurücktrug. Die Sharks waren nachher so gefrustet, dass sie gar nicht mehr den vierten Versuch spielten, sondern schon im dritten Versuch *punteten*, um keinen weiteren Touchdown von mir eingeschenkt zu bekommen. Zu schade nur, dass bei diesem Versuch ein Foul eines Mitspielers einen weiteren *Return-TD* von Ralf Kipp verhinderte. Er rannte dem Ball hinterher, nahm ihn auf und trug ihn ebenfalls in die Endzone. Leider zählte der

Run nicht und wir mussten dann auf herkömmliche Weise weiter punkten. Ich weiß nicht mehr, wie ich nach dem Spiel nach Hause gekommen bin. Ich war völlig platt. Der Rückflug ist völlig aus meinem Gedächtnis gelöscht. Wahrscheinlich hat mich irgendjemand nach Hause getragen. Jedenfalls wachte ich am nächsten Morgen in meinem Bett auf.

Eine Woche später waren wir wieder im Ruhrgebiet, diesmal in Essen. Es passierte etwas Neues für unser Team. Wir kassierten den ersten Touchdown der Saison gegen uns. Machte aber nicht ganz so viel aus, schließlich gewannen wir mit 100-6 doch recht deutlich.

Nach fünf Siegen in fünf Spielen hatten wir 434 Punkte erzielt und nur 6 zugelassen. Dabei erzielten wir 60 TDs, 3 *Field Goals*, 2 *Two-Point Conversions*, 55 Extrapunkte durch Kicks und 3 *Safeties*. Und ich führte die interne Scorerliste mit 12 TDs und damit 72 Punkten an. Was für ein Einstand zur Halbzeit meiner ersten Saison!

Danach war dann aber erst mal Sendepause. Die Gegner hatten langsam mitbekommen, dass da ein neuer Mann auf dem Platz dabei war, und ich bekam viel mehr Aufmerksamkeit der gegnerischen Verteidigung. Außerdem musste ich mich erst mal an den Erfolg gewöhnen. So komisch es auch klingen mag, schließlich schoss ich innerhalb von nicht mal einem Jahr aus der Landesliga bis in die deutsche Nationalmannschaft. In der zweiten Saisonhälfte gelangen mir nur noch zwei Touchdowns. Was aber immer noch den vierten Platz in der Scorerliste der Adler bedeutete. Immerhin der punktbeste Rookie der Saison. Insgesamt schlossen wir die Vorrunde mit einer makellosen Bilanz ab: 10 Spiele, 10 Siege und ein Punkteverhältnis von 747-26. Noch nie zuvor im deutschen Football gab es so eine Kombination aus schlagkräftiger Offense und kompromissloser Defense. Die *reguläre Saison* war bereits Anfang Juli 1989 zu Ende, weil ab dem 21. August ja die Heim-EM auf uns wartete.

Das erste Mal mit dem Bundesadler auf dem Helm

Nach einer rund zweiwöchigen Pause ging es zur Vorbereitung auf die Europameisterschaft. Insgesamt machten sich fünf Spieler und ein Betreuer aus Berlin auf dem Weg zum Trainingslager nach Bremerhaven. Ja wirklich, Bremerhaven. Wer sich das ausgedacht hatte, war ein echt schlauer Fuchs. Da die meisten Spieler nicht aus dem hohen Norden kamen, hatten wir alle eine lange Anreise vor uns. Neben Matt Maruhn, Florian Gneist, Thomas Schwambach und mir, wurde noch Martin Wollny nachnominiert. Dazu kam mit F.P. Schmidt noch unsere treue Seele. FP war normalerweise bei den Heimspielen die Stimme im Adlerhorst Radrennbahn und bei den Auswärtsspielen kümmerte er sich um das Equipment und dass wir genug Verpflegung hatten. Er wurde in das *Staff* Team des Team Germany berufen und war fast stolzer dabei zu sein als wir Spieler. Wir wurden freundlicherweise von zwei *Mini Vans* des Sponsors in Berlin abgeholt. Doch bevor es losging, war die EM beinahe schon für mich beendet. Wir trafen uns vor dem damals noch aktiven Grenzübergang Drei Linden. (Ja, es gab damals noch eine Grenze und die Mauer. So lange ist das schon her.) Die Klamotten wurden verstaut und ich stand an der Schiebetür des Vans und wartete, dass alle einstiegen. Ich war ja der Rookie und ließ den Veteranen den Vortritt. Dabei stützte ich mich aus Langeweile an der B-Säule des Autos ab. Unser Kicker Schwammi konnte es nicht abwarten, stieg schon mal auf den Beifahrersitz und schlug die Tür zu. Meine Hand war noch an der Säule und ich wunderte mich noch, dass es so ein komisches Geräusch beim Zuschlagen der Tür gab. Irgendwie klang es nach einem dumpfen „Fump"! Ich schaute auf meine Hand, dann auf die Tür und war steif vor Schock. Nur komisch, dass ich keine Schmerzen fühlte. Das lag daran, dass die Amerikaner bei ihren Autos breitere Gummidichtungen an den Türen einbauen als wir Deutsche. Ich versuchte die Hand rauszuziehen, aber das ging nicht. Sie steckte fest. Dann klopfte ich an die Scheibe und rief Schwammi zu, er solle die Tür wieder aufmachen. Er hatte nicht mitbekommen, dass meine Hand noch an der Säule war. Als er sie wieder aufmachte zog ich meine Hand raus und konnte mein Glück kaum fassen. Außer einem dicken roten Streifen auf dem Handrücken war nichts zu sehen. Ich konnte alles bewegen und es blieb nicht mal ein Bluterguss zurück. Ich habe ja wirklich große Hände, aber nur *Onehanded-Catches* hätte ich wohl bei der EM nicht bringen können.

Nach einer langen und ansonsten ereignislosen Fahrt quer durch Deutschland kamen wir dann endlich in Bremerhaven an. Wir freuten uns schon auf unsere Hotelzimmer und darauf, uns etwas auszuruhen. Nur wurde daraus nichts, jedenfalls nicht mit Hotelzimmer. Wir wurden nämlich in einer Kaserne der Bundesmarine untergebracht. Und waren mindestens zu viert oder sogar zu sechst auf einer Stube. Und das für die nächsten drei Wochen! Der Begriff Lagerkoller bekam für mich eine völlig neue Bedeutung. Immerhin wurden wir nach Spielpositionen zusammengelegt, das hieß für mich ich konnte mir mit meinem Teamkameraden Flo ein

Doppelstockbett teilen. Die anderen 4 WR im Kader waren auch in unserem Zimmer. Jetzt kann man sich gut vorstellen, wie sechs junge Kerle in einem Zimmer hausen und dabei einiges an schmutziger Wäsche und sonstigen Müll produzierten. Ganz abgesehen von der nächtlichen Geräuschkulisse. Jedes freie Stück wurde dazu benutzt um die verschwitzte Trainingswäsche zu trocken. Und davon gab es im Hochsommer einiges. Die Shirts wurden gar nicht mehr richtig trocken. Wenn man Glück hatte, kühlten die noch nassen Sachen ein wenig die Hitze auf dem Weg zum Training. Es wurde viel trainiert, sehr viel. Zweimal täglich auf dem Platz und dann noch sehr ausführliche Theorieeinheiten. Das *Playbook* war an das der Düsseldorf Panther angelegt: kein Wunder, wenn man bedenkt, dass der Headcoach und gefühlt die Hälfte des Trainerstabes aus Düsseldorf kamen. Für die Panther Spieler war es also relativ leicht, die Spielzüge zu verinnerlichen. Für alle anderen war es ein Lernen von 0 auf 100 in zwei Wochen. Dabei war es nicht so, dass wir gar nichts wussten. Die Passrouten und Laufwege im Football allgemein sind sich schon sehr ähnlich. Da kann man das Rad nicht neu erfinden. Aber die Benennung der einzelnen Komponenten, *Blocksysteme* und Routen können doch schon erheblich abweichen.

Ein *Lauf durchs 2er Loch* ist immer zwischen dem Center und dem rechten Guard in der Offensive Line. Eine 4er Route kann aber nach innen oder außen gelaufen werden. Und das muss man dann wissen. Dazu kam, dass unsere Quarterbacks nicht so wurfgewaltig waren, wie Flo und ich das aus Berlin gewohnt waren. Da konnten wir dann doch schon wieder nach 40 Yards Sprint etwas austrudeln lassen. Es ist auch schwieriger einen guten Angriff auf die Beine zu stellen als eine gute Verteidigung. Etwas aufzubauen und die Abstimmung zwischen den einzelnen Mannschaftsteilen hinzubekommen ist leichter als auf Situationen zu reagieren und den Angriff zu zerstören. Ich weiß, das sehen viele Fachleute anders, ich kann da nur aus meiner Erfahrung sprechen. In zwei Wochen eine komplette Offense einzuspielen ist fast unmöglich. Da ist eine *Basic 4-3 mit Cover 2* ja schon fast als Defense Bollwerk anzusehen.

Das war eine sehr intensive Zeit. Wir hatten so gut wie keine Möglichkeit etwas anderes im Kopf zu haben außer Football, aber dafür waren wir ja auch da. Da brauchten wir kein Drumherum und auch kein Fünfsternehotel. Nur etwas mehr Rückzugsmöglichkeit und Privatsphäre wären ganz schön gewesen.

Die Tage waren alle gleich. Frühstück, Training, Essen, Meeting, Training, Essen, Meeting. Ab und zu gab es aber dann doch noch etwas Spaß. Zum Beispiel wenn ein Auto den Weg unseres Busses von der Kaserne zum Trainingsplatz verstellte. Wo Normalsterbliche das Auto durch gleichmäßiges Schaukeln Stück für Stück zur Seite wuchteten, hatten wir ja unsere „großen Jungs" dabei. Da wurde nicht lange gefackelt. Sofort waren vier Kerle aus der Linie zur Stelle, hoben den gesamten Wagen einfach an und stellten ihn in die Hecke nebenan. Ich hätte gerne das Gesicht des Fahrers gesehen, als er seinen Wagen „im Grünen" erblickt hat. Alleine ist er da wahrscheinlich nicht mehr rausgekommen.

In den gesamten drei Wochen gab es einen freien Nachmittag und Abend. Der wurde natürlich auch dementsprechend genutzt. Wir hatten eine Sperrstunde vorgegeben bekommen und durften in die Altstadt. Auch das eine oder andere Bier durften wir trinken. Es hat auch so gut wie keine Ausfälle unter den 51 Spielern gegeben. Nur vereinzelt mussten die Heimkehrer am Abend das an der Hauswand befindliche Baugerüst benutzen, um auf Ihre Zimmer zu kommen. Damit konnten sie den Coaches auf den Gängen entkommen. Offiziell gab es keinen Ärger.

Wir konzentrierten uns also wieder auf unser Halbfinale gegen Großbritannien. Da bei einem Football-Spiel extrem hohe körperliche Belastungen auftreten, konnte die Finalrunde einer EM nur aus vier Mannschaften bestehen. Deutschland war als Ausrichter gesetzt. Hinzu kamen neben unserem Halbfinalgegner noch Italien und Finnland, die sich allesamt in zwei Qualifikationsrunden durchgesetzt hatten. Am Dienstag den 22. August 1989 fuhren wir die knapp zwei Stunden aus der Marinekaserne zum Millerntor nach Hamburg St. Pauli. Bei der Ankunft waren wir noch froher Dinge, wurden wir doch insgeheim als Favorit gehandelt. Dann begann für mich einer der längsten und schmerzvollsten Football-Abende meiner Karriere. Ich wurde nicht nur als Wide Receiver eingesetzt, sondern auch als Returner bei den Kicks. Schon der Eröffnungs-*Kickoff* änderte aber meine Meinung darüber, dass dies eine große Ehre und tolle Möglichkeit war, sich besonders gut in Szene zu setzen. Die taktische Variante unserer Coaches, die jeweils zwei äußersten Spieler des Kickoff-Teams ungeblockt den langen Weg bis zu mir bestreiten zu lassen und dafür mit zusätzlichen Blockern den Weg in der Mitte frei zu machen, ging voll in die Hose. Was sag ich, sie ging voll auf die Socken, den Kopf, die Schultern und die Beine! Anscheinend hatten sie nicht damit gerechnet, dass der Kicker den Ball so hoch und weit schießen konnte, dass seine schnellen Mitspieler auf den *Gunner-Positionen* quasi gleichzeitig mit dem Ball bei mir einschlugen. Ich konnte gerade noch den Ball fangen und 1 oder 2 Meter entgegen laufen. Dann war ein mehrfaches weißes Stoppschild in Form von vier Gegenspielern vor mir. Nun wäre das nicht so schlimm gewesen, wenn unsere Offense funktioniert hätte. Aber weder die Läufe noch die Pässe funktionierten. Obendrein kam, dass unsere körperlich wahrlich nicht schlechte Verteidigung von den noch stärkeren Engländern förmlich überrannt wurden. Die beiden Runningbacks der Gäste Trevor Carthy und Victor Ebubedike machten nicht nur unsere Verteidiger mehr als einmal richtig platt, sondern spielten auch als Linebacker noch in der Defense. Dabei hatten sie einen mörderischen Spaß mit ihrem Speed und ihrer Power, unsere Angriffsbemühungen im Keim zu ersticken. Diese beiden Namen hörten wir den ganzen Abend. Egal ob sie den Ball hatten und über die Gegner hinwegliefen, oder ob sie unsere Ballträger mal wieder unter sich begruben. Zur Halbzeit stand es bereits 19-0. Das einzige was die Männer von der Insel nicht beherrschten war, die

Extrapunkte per Kick zu verwandeln. Und das von der Nation die den Fußball erfunden hat. Komischerweise konnten sie aber Kickoffs sehr gut ausführen, wie ich am eigenen Leibe schmerzhaft erfahren habe. Denn nach jedem Touchdown gab es ja einen Kickoff, den ich immer wieder versuchte zurückzutragen. Dabei hielten unsere Coaches den ganzen Abend an ihrer Taktik des *Doppeln* in der Mitte fest. Auch mehrfache zwischenzeitliche Behandlungen meiner Schulter und der Oberschenkel und dem dazu schmerzverzogenem Gesicht meinerseits konnten an dieser Variante nichts ändern. Insgesamt sieben Mal rannten die Engländer auf mich zu und freuten sich auf die Gelegenheit, einen *Clean Shot* abzusetzen. Manchmal schaffte ich es sogar, den ersten oder auch zweiten aussteigen zu lassen, aber mit der Zeit war ich immer mehr angeschlagen und wurde immer langsamer. Ein Glück war nach dem 38-8 dann auch Schluss. Ich spürte so gut wie jeden Knochen in meinem Körper.

Das Auslaufen am nächsten Tag sah bei mir eher aus wie die Bemühungen eines Kleinkindes das die ersten Schritte seines Lebens macht. Ich weiß nicht mehr, wie die Ärzte und Physios es hinbekommen haben, dass ich danach wieder normal trainieren konnte. Schließlich stand ja am nächsten Sonntag, also nur fünf Tage später, das Spiel um den dritten Platz gegen Italien an. Finnland besiegte den Titelverteidiger im zweiten Halbfinale in Wiesbaden mit 14-7. Damit kam es in Recklinghausen zur Neuauflage des Finales von 1987, allerdings diesmal nur um Bronze. Wir waren durch das Ergebnis gegen England etwas geschockt, jedoch weckte es auch den

Kampfgeist und den Stolz in uns. Wir wollten unbedingt zeigen, dass wir besser Football spielen können. Und diesmal klappte es auch wesentlich besser. Zur Halbzeit führten wir bereits mit 19-3 und ließen uns die Pizza, die uns serviert wurde, auch nicht mehr vom Teller nehmen. Das Endergebnis von 29-9 spiegelte in weiten Teilen auch den Verlauf des Spiels wieder. Leider konnte mein persönliches Highlight nicht in die offizielle Spielstatistik aufgenommen werden. Nach einem Punt der Italiener fing ich den Ball an der eigenen 35-Yard Line und trug ihn unberührt über das Feld in die Endzone. Ein schöner 65-Yard-*Punt-Return-Touchdown*. Ich konnte mich gar nicht mehr einkriegen vor Jubel. Dann drehte ich mich um und sah, dass auf der anderen Seite des Spielfeldes eine gelbe Flagge lag. Block in den Rücken Deutschland, hieß es von den Schiedsrichtern. Danke Olaf, konnte ich da nur schreien. Es sollte nicht sein, aber es reichte ja trotzdem für uns als Team zur Bronzemedaille. Der Ärger über das unnötige Foul war dann auch schnell verfolgen.

Nach dem Spiel herrschte recht schnell große Aufbruchsstimmung. Jeder wollte so schnell wie möglich irgendwie nach Hause. Ich hatte das Glück, dass ich direkt mit Freunden zurück nach Berlin fahren konnte. In dem ganzen Durcheinander haben die meisten Spieler doch wirklich vergessen, die Trikots und Hosen beim Zeugwart wieder abzugeben. Ich bereue es übrigens heute noch, dass ich den schönen Schwarzen Helm mit dem Bundesadler nicht auch mitgenommen habe. Obwohl der sich wie ein Brett am Kopf anfühlte, sah er verdammt cool aus. Hätte sich gut auf meinem Trophäenregal gemacht!

Playoffs Baby – noch nicht, aber bald

Nach der EM war vor den *Playoffs*. Da wir ja eine Pause von fast zwei Monaten zwischen regulärer Saison und dem Viertelfinale hatten, kam uns ein glücklicher Zufall zur Hilfe, um ein außergewöhnliches Trainingsspiel zu bestreiten. Anfang August kam ein Amerikaner in den Football-Shop meines Mannschaftskameraden Fady Kourieh und wollte Ausrüstungen kaufen. Nun ist daran eigentlich nichts Besonderes, bis auf den Fakt, dass die Helme und Pads für das erste Team der damaligen *UdSSR* war. Die Moskau Bears wollten den Spielbetreib einer russischen Liga aufbauen und waren neben Equipment auch auf der Suche nach einem Gegner. So kam es, dass ein Spiel am 17. September vereinbart wurde. Keiner hätte zu diesem Zeitpunkt gedacht, dass dies wirklich stattfindet. Aber die Bears kamen wirklich nach Berlin, was kurz vor dem Ende der Trennung Deutschlands und dem Kalten Krieg eine kleine Sensation war. Und sie hatten sogar *Cheerleader* dabei. Die wurden aus ehemaligen Synchronschwimmerinnen rekrutiert, die sogar schon bei Olympia gestartet waren. Da hatten sie uns was voraus. Das war aber auch ihr einziger Trumpf. Sportlich hatte das Spiel keinen Wert. Für uns war es nicht mal ein Training. Das wurde uns beim ersten Spielzug klar. Da 95% des russischen Teams aus Rugbyspielern bestand, versuchten sie den Ball durch Rückwärtspässe weiterzugeben. Das funktioniert aber beim Football nur mäßig, bis rein gar nicht. Unsere Defense zerstörte den ersten Spielzug im Ansatz, wir bekamen den Ball und es dauerte nicht mal eine Minute bis zum Touchdown. Football und Rugby sind doch zwei sehr unterschiedliche Sportarten. Bis zur Halbzeit führten wir mit 57-0 und das obwohl wir nur mit Standgas fuhren und mit *Backups* auf dem Feld waren. In der Halbzeit tauschten wir dann komplett durch. Und zwar nicht so, dass die dritte Garde zum Einsatz kamen, sondern wir tauschten einfach die komplette Defense gegen unsere Offense aus. So kam ich zu meinem ersten Einsatz als *Cornerback*. Nur einer durfte nicht in die Verteidigung, unser Ersatz-QB Rene Schwabe. Er sollte weiterspielen, den Angriff führen und war darüber nicht begeistert. Dazu muss man wissen, dass „Bibo", wie er von uns genannte wurde, zwar 1,96 m groß war, aber gefühlt nur 75 kg wog. Dafür hatte er den härtesten Schädel, den ich je bei einem QB gesehen habe. Er sagte mal von sich selbst, dass er nicht in Fitnessstudio geht, weil er immer Angst hatte, dass die Pumper ihn als Hantelstange benutzen würden. Bibo freute sich bei der Ansage in der Halbzeit, dass getauscht wird, total aufs Hitten. Daraus wurde dann aber leider nichts. Das Spiel machte allen Beteiligten, na gut fast allen, aber recht viel Spaß und die 2.400 Zuschauer konnten kurz vor Schluss sogar den ersten TD in der Geschichte des russischen Football bejubeln. Das Endergebnis war 77-6. Das aufregendste für unsere Gegenspieler fand allerdings nach dem Spiel statt. Sie tauschten alles Mögliche gegen Kleidung. Da gab es von russischen Orden über Pelzmützen bis zum Kaviar alles als Ware. Und wir sollten ihnen dafür unsere T-Shirts und Schuhe geben. Da kamen wir uns schon etwas wie auf einem Basar vor. Am Ende waren beide Seiten glücklich und zufrieden.

Der Weg zur ersten Meisterschaft

Eine Woche nach dem historischen Spiel gegen das Team aus Moskau wurde es ernst. Viertelfinale gegen die Ansbach Grizzlies. Noch nie konnten die Adler gegen die Franken gewinnen, zweimal schieden sie im Halbfinale der Playoffs gegen die Grizzlies aus. Wir waren richtig heiß. Mit breiter Brust aus der besten Vorrunde in der Geschichte der Adler gab es nur ein Ziel: den Titel! Dieses Selbstbewusstsein bekam unser Gegner zu spüren. Kurz vor der Partie gab es noch ein paar Querelen um unseren QB Clifford Madison, der eine kleine Prämie pro Zuschauer und Spiel haben wollte. Jedoch konnte ihm in einer mehrstündigen Diskussion klar gemacht werden, dass er nicht in der NFL spielt und in Deutschland keine Gehälter à la USA bezahlt werden können. Das Thema war vor dem Spiel abgehakt und Cliff zeigte, wie wichtig er für uns war. Gleich zu Beginn des Spiels haute er eine 65-Yard-Bombe auf mich raus und wir führten mal locker flockig mit 7-0. Wir ließen nicht einen Deut nach und machten mit Ansbach kurzen Prozess. Nach 48 Minuten effektiver Spielzeit – in Deutschland werden sogar heute noch nur 4x12 Minuten gespielt – hieß es 55-13 und der Franken-Fluch war gebrochen.

Da wir die Vorrunde als Punktbester abgeschlossen hatten, war auch gesichert, dass wir das Halbfinale zu Hause spielen werden. Das Schicksal brachte uns den einzigen Gegner den wir wirklich gut kannten, die Dortmund Giants. Sie setzten sich im Viertelfinale beim Ersten der Süd-B-Staffel, den Noris Rams, mit 36-18 durch. Die Giants waren in unserer Gruppe Nord B der einzige Gegner der uns etwas gefordert hatte. Immerhin hatten sie gegen uns in den zwei Spielen der regulären Saison 20 Punkte erzielt. Das waren mehr als dreimal so viel wie alle anderen vier Gruppengegner zusammen, nämlich 6. Die Geschichte des Spiels ist schnell erzählt. Wir hatten einen Sahne-Tag, die Dortmunder nicht. Unsere Defense ließ keinen Punkt zu, und unsere Offense punktete nach Belieben. 55 Punkte legten wir den Giants ins Nest. Da durfte fast jeder mal in die Endzone spazieren – jeder, außer mir. Ich bin wirklich kein abergläubischer Sportler, aber an diesem einem Tag, dem 8. Oktober 1989, wurde ein Gedanke geboren: Nie wieder spiele ich mit einem langärmeligen Shirt unter meinem Shoulder Pad. Es war schon etwas kälter an diesem Herbstsonntag und ich dachte, ein weißes Langarmshirt macht sich doch ganz gut. Denkste Puppe. Ich habe nichts gefangen an diesem Tag. Alleine drei Bälle in der Endzone habe ich fallen lassen. So etwas ist mir davor und auch danach in meiner Karriere nie passiert. Seit diesem Spiel habe ich immer mit freien Armen gespielt, egal wie warm oder kalt es war. Das war fortan mein Gesetz.

Mit dem Sieg war die Endspielteilnahme also gesichert. Zum zweiten Mal in ihrer Geschichte standen die Adler im Finale. Und der Gegner hieß Red Barons Cologne. Da war doch was? Richtig, die Kölner hatten dafür gesorgt, dass die Adler 1988 beim Endspiel im Berliner Olympiastadion nur zuschauen durften. Mit 7-25 unterlag man überraschend im Halbfinale zu Hause. Zeit für Wiedergutmachung. Das Spiel war geprägt von Einsatz und Härte. Die Red Barons wussten genau, was sie uns entgegensetzen mussten. Ständigen Druck auf unsere Offensive Line, um uns nicht ins Spiel kommen zu lassen. Das klappte beim Laufspiel auch ziemlich gut. In der gesamten Partie hatten wir nicht einmal wirklich effektiven Raumgewinn durch einen Lauf. Die Bilanz nach dem Spiel hieß -13 Yards Rushing, ja genau, nach 48 Minuten hatten wir keinen Raumgewinn durch Lauf. Das kam allerdings auch zustande, weil unser QB Cliff ein paarmal gesackt wurde, und das dann auch als negative Laufyards zu Buche schlug. Das Spiel war wahnsinnig spannend und keine Mannschaft konnte sich absetzen. Nach dem ersten Viertel stand es 7-7. Frank „Skippy" Hürtgen scorte zuerst für Köln, Florian Gneist glich aus. Die Linebacker und Line-Spieler der Kölner jagten Cliff ständig übers Feld. Aber jedes Mal, wenn die Verteidigung der Kölner zur Stelle war, schlugen wir umgehend mit einem langen Pass zurück. Im zweiten Viertel verlor Cliff bei einem Passversuch mehr als 10 Yards, als er in den Boden eingegraben wurde, bevor er den Ball loswurde. Nächster Spielzug: Im Huddle sagte Cliff an, ich soll einfach geradeaus an meinem Cornerback vorbeirennen. So schnell es geht. Er wird mich schon finden… Recht hatte er. Und wie er Recht hatte. Der Ball segelte mehr als 60 Meter durch die Luft, voll in meinen Lauf und meine weit ausgebreiteten Hände. Was für ein Gefühl. Die Welt explodierte und die 11.000 Zuschauer schienen alle gleichzeitig in meine Ohren zu schreien. Wir führten mit 13-7, der Extrapunkt ging daneben. David Spencer legte noch einen TD für uns nach und wir dachten, jetzt ist das Ding in unserer Hand. Aber da hatten wir die Rechnung ohne die Red Barons und Ihren QB Mel Crandall gemacht. Sie schlugen bis zur Halbzeit noch zweimal zu. Crandall im Zusammenspiel mit „Skippy", der unseren Defensive Back Knoten in die Beine spielte, drehten bis zur Halbzeit die Partie auf 20-21 aus unserer Sicht. Die zweite Halbzeit sollte eine ganz andere werden. Beide Mannschaften hatten sich noch besser aufeinander eingestellt. Wir konnten im dritten *Quarter* nur noch ein Field Goal erzielen. Die Kölner gar keine Punkte. Mit 23-21 gingen wir ins letzte Viertel und da zeigte sich, was für ein cooler Hund Clifford Madison war. Das Laufspiel funktionierte immer noch nicht, und der Druck auf ihn nahm ständig zu. Andauernd hing ein Gegner an ihm dran. Aber statt nervös zu werden und seine Vorderleute anzumachen, blieb er dabei, dass Spiel mit seinem Arm gewinnen zu wollen. Selbst dann, als die Barons durch einen Safety ausgleichen konnten, als die halbe Defense Cliff in unserer Endzone unter sich begrub. Nicht nur, dass sie dafür 2 Punkte erhielten – nein, wir mussten auch den Ball, als zusätzliches Hindernis, an sie per Kick abgegeben. So sieht es nun mal die Regel vor. Doch anstatt auseinanderzufallen und sich aufzugeben, ging ein Ruck durch unsere gesamte Mannschaft. Die Defense hielt uns im Spiel. Sie ließen zwar einigen Raumgewinn der Roten zu, aber es gelang Köln nicht mehr, in unsere Endzone zu kommen. Im Gegenteil: Wir bekamen den Ball zurück, und es begann eine atemberaubende Schlussphase. Cliff stand kalt wie eine Hundeschnauze hinter der O-Line und feuerte einen Pass nach dem anderen raus. Wir kamen bis an die

Mittellinie. Es war nur noch wenig Zeit auf der Uhr und inzwischen so laut im Stadion, dass wir die Kommandos nicht mehr hören konnten. Wir spielten jeden Spielzug mit vier Receivern auf dem Feld. Alles oder nichts. Ich bekam erneut eine tiefe Passroute von Cliff vorgegeben. Das klappte ja schon den ganzen Tag. Cliff wusste, dass ich meinen Gegner überlaufen kann, nur war nicht klar, ob er so viel Zeit hatte, den Ball auf mich zu werfen. Er bekam die Zeit und der Ball flog in meine Richtung. Direkt an der *Goalline* fing ich den Ball und alle dachten, das ist die Entscheidung. Die Gegentribüne des alten Frankenstadions in Nürnberg drohte einzustürzen, so einen Krawall entfachten die Adler-Fans. Das gesamte Team stürmte aufs Feld. Die Kölner ließen den Kopf hängen. Doch kaum einer hatte bemerkt, dass eine *gelbe Flagge* auf dem Feld lag. Keiner von uns hatte bemerkt, dass ein Schiedsrichter an der Seitenlinie die Flagge geworfen hatte. Böse Zungen behaupten, die Flagge wäre erst gefallen, als ich den Ball in der Endzone gefangen hatte. Das Foul war eine *illegale Formation* gegen uns. Es müssen ja immer mindestens sieben Spieler an der Line of Scrimmage stehen, in der Regel fünf Offensive-Line-Spieler und zwei Passempfänger. Der Ref hatte wohl gesehen, dass sich ein Receiver nicht an der Linie aufgestellt hatte, nur komisch, dass die Flagge so spät kam. So war es denn aber, mein TD zählte nicht. Weiterhin 23-23. Egal, dachte sich wohl Cliff, dann machen wir das halt noch mal. Der Jubel war noch nicht richtig abgeebbt, da ging es schon wieder los Diesmal allerdings suchte er sich ein anderes Ziel aus. Florian Gneist war völlig frei, fing den Ball und stiefelte Richtung

Endzone. Er sah sie schon vor sich, da hätte er beinahe noch den Ball aus der Hand verloren. Flo konnte aber geradeso noch die Kontrolle behalten und erzielte den Touchdown. Der Extrapunkt von Thomas Schwambach saß ebenfalls zum 30-23. Aber es war noch etwas Zeit auf der Uhr. Und die Red Barons gaben sich noch nicht geschlagen. Sie marschierten über das Feld und kamen bis in unsere Hälfte. Zeit für den Auftritt eines Unknown Hero. Kölns QB Mel Crandall versuchte einen *Screen-Spielzug*, bei dem die Linie den Gegner nur anblockt und dann auf den zweiten Level blockt. Die Verteidiger stürzen in diesem Fall mit fast blindem Eifer auf den QB, der dann den Ball im Idealfall über sie herüberlupft und seinem Runningback zuspielt. Der hat dann zusätzlich Blocker vor sich und kann großen Raumgewinn erzielen. Das geht oft gut, aber nicht, wenn ein gegnerischer Spieler da nicht mitmacht. Und dieser Spieler hieß in diesem Fall Stefan Mücke. Keiner weiß bis heute, ob es daran lag, dass Stefan zu sehr geblockt wurde, er nicht schneller laufen konnte oder einfach den richtigen Riecher hatte. Auf jeden Fall hatten die Red Barons bei diesem Spielzug bestimmt mit allem gerechnet, aber nicht damit, dass ein 1,80 m großer und 135 kg schwerer Defensive-Line-Spieler flink und elegant wie eine Gazelle in den Pass springt und diesen auch noch abfängt. Da hatte sich unser gemeinsames Basketballtraining im Winter wohl gelohnt. Stefan schaffte noch gute 10 Yards bei seinem Versuch den Ball in die Richtung der gegnerischen Endzone zu bringen, dann wurde er gestoppt. Aber das war völlig egal. Das Spiel war aus und wir waren Deutscher Meister 1989!

Schon im Stadion begann die Party. Ich weiß immer noch nicht, wo die ganzen Getränke auf einmal herkamen. Das schönste in diesem Moment war für mich, dass meine Familie und viele Freunde mit im Stadion waren. Meine Mutter hatte zwei Tage später Geburtstag und wünschte sich den Sieg und einen Touchdown von mir. Bin ich nicht ein braver Junge gewesen?

Ich suchte meine Eltern und meinen Bruder auf den Rängen und fand sie sogar. Als meine Mutter mir auf den Treppen entgegenstürmte, gab es dann sogar noch eine Verletzung. Sie zog sich beim Rennen einen Muskelfaserriss in der Wade zu. Da hatte sie noch eine Weile eine Erinnerung an das Spiel und den Jubel danach. Unser Pressesprecher kam dann auf mich zu und sagte, ich soll zur Pressekonferenz. Passte mir gar nicht, ich wollte ja Feiern. Aber gut, ich war der Neuling und tat natürlich das, was der Verein wollte. So ging ich also zur PK. Dabei hatte ich gerademal geschafft, meinen Helm und mein Shoulder Pad abzulegen. Ich saß am Rand der Tische, die als Rednerpodium aufgestellt waren und wartete, ob irgendwer eine Frage hatte. Nüscht, nothing, nada. Ich langweilte mich also vor mich hin und draußen tobte die Party! Und es zog sich so dermaßen lange hin, dass wir im Anschluss nicht mal mehr im Stadion duschen konnten, weil der Mannschaftsbus schon auf uns wartete. Ich stieg ein, immer noch mit meinen Spielklamotten und konnte endlich mitfeiern. Dabei hatte ich allerdings nicht mit dem bereits guten Pegel meiner Mannschaftskameraden gerechnet. Noch bevor ich im Bus ganz nach hinten zu meinem Platz kam, wurde mir meine Hose schon zerrissen. Sie hatte vom Halbfinale einen kleinen Riss auf der Rückseite zwischen Hintern und Oberschenkel, der genäht war. Eine Einladung für meine Mitspieler und schwupp stand ich unten ohne da. Die Unterhose war gleich mit weg. War ja nicht so schlimm, dass nicht nur die Spieler sondern auch einige Freundinnen mit im Bus waren. Hatten sie was zu sehen…

Ich wickelte mir die Überreste der Hose wie eine Windel um die Hüfte und weiter ging die Fete. Der Bus fuhr uns zu unserer fürstlichen Übernachtung. Das stimmt sogar im übertragenen Sinne. Wir nächtigten nämlich in der Jugendherberge auf der Nürnberger Burg. Nicht das einzige Mal, dass wir zu einem deutschen Endspiel in einer Jugendherberge anstatt eines Hotels übernachten mussten. Endlich konnte ich duschen und mir Sachen anziehen, die nicht zerrissen waren. Danach ging es weiter zur offiziellen Party des Verbandes. Da waren auch die Kölner schon angekommen. Die Feier war so langweilig, dass die meisten von uns draußen standen und sich durch das offene Fenster mit Biernachschub versorgen ließen. Schon bald bildeten sich kleine Grüppchen, teilweise sogar gemischt von beiden Mannschaften, die gemeinsam durch die Nürnberger Altstadt zogen. Das war jedenfalls eine lange Nacht. Die Rückfahrt stand uns am nächsten Tag ja auch noch bevor. Zu dem Zeitpunkt gab es noch Grenzkontrollen an der innerdeutschen Grenze. Als wir an der Grenze ankamen, wussten die Grenzer schon Bescheid. Unsere zahlreichen Fans hatten allen, die es nicht wissen wollten, erzählt, was da am gestrigen Samstag in Nürnberg los war, und warum so viele glückstrunkene oder noch betrunkene West-Berliner in schwarz-gelb unterwegs waren. Unser Busfahrer behielt zum Glück die Nerven. Sogar als ein Spieler die Notluke des Doppeldeckerbusses aufgemacht hatte und auf dem Dach surfen wollte. Keine gute Idee, wenn der Bus 3,80 m ist und die Brücken 4 m hoch sind. Der eine oder andere Stuhl gab dann unter der etwas größeren körperlichen Belastung eines 130 kg schweren tanzenden Spielers nach. Einem Spieler ist dann noch 27x die Siegerzigarre aus der Hand gefallen, da stand dann plötzlich „Berlin Adler" auf dem Kopfteil des Vordersitzes. Am Ende wurden alle Schäden beglichen und alle waren glücklich.

„Glücklich" ist das Wort, das mein *Rookie*-Jahr bei den Berlin Adler wohl am besten beschreibt. Ich hatte viel Glück gehabt und mir einiges auch erarbeitet. Aber eines machte mich unendlich traurig. Das derjenige, dem ich den Weg zum Football zu verdanken hatte, meine Entwicklung nicht mehr mitverfolgen konnte. Uwe Rothenhof, der Arbeitskollege meines Bruders Stephan, der uns die Faszination und Liebe zu diesem Sport nähergebracht hatte, und später mein Freund wurde, verstarb bei einem Autounfall und konnte mich nicht mehr als Spieler der Berlin Adler erleben. **RIP Uwe**!!!

Das zweite Jahr soll schwerer sein

Obwohl uns unser Coach in seinem ersten Jahr in Deutschland gleich zum Meistertitel geführt hat, musste Sean Blair Ende Oktober bereits seinen Heimflug antreten. Und das mit der Aussicht, nicht nochmal nach Berlin zurückzukehren. Jedenfalls nicht an die Seitenlinie der Adler. Im Laufe der Saison wurde fast jedem klar, dass die beste Trainerentscheidung die Blair getroffen hatte bereits im April stattfand, nämlich Clifford Madison zu holen. Cliff prägte unser Spiel, und sorgte auf dem Feld für die Umsetzung. Spektakulär war Blair hingegen eigentlich nur noch neben dem Spielfeld. Auf einem Rückflug von einem Auswärtsspiel stand er plötzlich im Gang des Flugzeuges, trommelte gegen die Gepäckablage und begann zu singen: „I got a feeling, Adler go to the Super Bowl!" Das war ziemlich laut und peinlich. Man muss ihm zugutehalten, dass er dabei nicht nüchtern war, was anders herum auch kein gutes Vorbild für die Mannschaft war, wenn der Coach bereits zwei Stunden nach dem Spiel so getankt hatte. Na ja, es kam eins zum anderen und Mister Blair war Geschichte. Sein QB und sein Spielsystem waren allerdings geblieben. Wobei man das eigentlich eher unseren deutschen Assistenztrainern anrechnen muss. Diese hatten den Mut, alleine weiterzumachen und das Gute mitzunehmen.

Das Wintertraining lief ähnlich wie in meiner Rookie-Saison. Das einzige, was noch dazukam, war ein ausführlicheres Krafttraining. Ich war nie der größte Pumper, aber es war klar, dass ich an meiner

Durchsetzungsfähigkeit arbeiten musste. Also wurde viel Eisen gestemmt. Mein Augenmerk lag dabei allerdings auf der Schnellkraft der Beinmuskulatur. Was für meine Sprintfähigkeit wesentlich wichtiger war als ein dicker Arm, den man am Strand spazieren trägt. Gute Footballer werden im Winter gemacht, das sagte ich ja bereits. Und in meinem Team waren viele gute Footballer. Der Trainingseinsatz beeindruckte mich. Da wurde nicht nur ein-, zweimal in der Woche in der Halle ein bisschen gerannt und Basketball gespielt.
Es wurde fast jeden Tag trainiert. Genau nach meinem Geschmack. So konnte ich noch 2 kg Muskeln zulegen und ging topfit mit 95 kg in mein zweites Bundesligajahr. Das zweite Jahr soll ja schwerer sein als das Erste.
So richtig glauben konnte ich das nicht.

1990 wurde zum besten Jahr meiner Karriere. Jedenfalls was meine Punkteausbeute anging. Wir gewannen erneut ungeschlagen die Bundesliga Nord B. Allerdings war die Punktedifferenz aus den zehn Spielen diesmal nicht ganz so grandios wie im Vorjahr: Es waren nur 605-58 Punkte, und es fing nicht so überragend für mich an. In den ersten beiden Spielen, gegen die Düsseldorf Bulldozer und Assindia Cardinals aus Essen, gelang mir nur ein Touchdown. Aber dann platzte der Knoten. In den nächsten fünf Spielen klingelte es zwölfmal in der gegnerischen Endzone und es ging dann munter so weiter. Wieder konnte ich im Auswärtsspiel bei den Monheim Sharks fünf Touchdowns fangen. Irgendwie scheinen mir damals die Haie gelegen zu haben. Am Ende der regulären Saison standen 20 Touchdowns und

2 Two-Point-Conversions auf meinem Konto. Und das in nur acht Spielen, da das Auswärtsspiel bei den Dortmund Giants aufgrund eines fehlenden Krankenwagens nicht angepfiffen wurde.

Damals besagte die Regel, dass zum Anpfiff ein Rettungswagen zugegen sein muss. Da rechneten die offiziellen Regelhüter wohl mit schlimmeren. Das Spiel wurde mit 50-0 für uns gewertet. Leider waren wir natürlich schon vor Ort im Stadion, bereits warm gemacht und umgezogen. Da wir ca. 30 Minuten warten mussten, ob vielleicht doch noch ein Wagen auftaucht, vertrieben wir uns die Zeit damit, einen Rookie seiner Taufe zu unterziehen. Warum es passiert ist, kann ich nicht mehr nachvollziehen, vielleicht wurde er gerade frech oder stand nur zur falschen Zeit am falschen Ort rum. Wir packten unseren RB-Neuling Mike und fixierten ihn mit Klebeverband auf einer Bank aus der Umkleidekabine. Dann stellten wir ihn nach draußen neben unsere Kabine und ließen alle Zuschauer, die das Stadion verließen, an ihm vorbeiziehen. Langeweile trägt komische Blüten.

Das zweite Spiel, das nicht stattfand, war unser Heimspiel gegen die Solingen Hurricanes. Die sind einfach nicht aufgetaucht. Haben kurzfristig abgesagt. Dachten sich wahrscheinlich, dass die 0-50 Wertung besser ist als von uns wieder irgendwas zwischen 80 und 100 Punkten zu kassieren. Und so sparten sie sich auch die lange Busfahrt und die Schmerzen, die so eine Niederlage verursacht. Mir versaute das die Spitzenposition der Scorerliste. Zwar hatte ich mit 15,5

Punkten pro Spiel den besten Schnitt der gesamten Bundesliga, aber in der Summe fehlten mir 11 Punkte, also nicht mal zwei Touchdowns zu der imaginären Krone des besten Punktejägers. Dafür kann man sich ja nun auch nichts kaufen, aber es hat mich doch schon ziemlich gewurmt.

Ende Juli 1990 stand dann eine denkwürdige Reise nach Rimini an. Dort fand die Endrunde des Euro Bowl statt. Die vier besten Teams Europas traten an, um die Krone des Kontinents auszuspielen. Wir hatten uns durch ein 34-10 gegen die Salzburg Bulls für das Halbfinale qualifiziert und fuhren mit dem Bus bereits einige Tage vor dem Spiel von Berlin nach Rimini. Das hatte so ein bisschen was von Klassenfahrt. Wir waren es ja kaum noch gewohnt, so lange im Bus zu sitzen. Aber durch die frühe Anreise konnten wir uns die Reisestrapazen beim Training ein wenig aus den Knochen laufen. Allerdings konnten wir nicht wirklich mehr machen als auslaufen. Es war so heiß, dass der Trainingsplatz aussah wie eine Steinwüste. Von Rasen war so gut wie keine Spur und der Boden war aufgeplatzt, so vertrocknet war er.

Da das Halbfinale gegen die Manchester Spartans bereits am Donnerstag den 29. Juli ausgetragen wurde, begnügten wir uns mit Regeneration und leichtem Training. Die Partie gegen die Spartans war eines der Spiele, welches mir am meisten im Gedächtnis blieb. Schon vor dem Kickoff gingen die Emotionen hoch. Bei der Ankunft gab es ein paar verbale Scharmützel auf dem Parkplatz. Die Busse hielten nebeneinander und beim Aussteigen begegneten wir unserem Gegner. Das nutzte ausgerechnet unsere kleine Fraktion der Defensive Backs, um ein paar nette Worte auszutauschen. Was da aus dem Bus der Engländer kam, ließ uns allerdings schon etwas respektvoll rüber schauen. Die wurden immer größer und dunkler. Wie der umgekehrte *Scheinriese* von *„Jim Knopf und Lukas der Lokomotivführer"*. Das waren wirklich beeindruckende, große Körper, die da ausstiegen. Zum Glück konnten wir unsere Verbalakrobaten schnell wieder einfangen, sonst wäre es wahrscheinlich schon auf dem Weg zur Kabine ohne Pads und Helme zur Sache gegangen.

Das Spiel konnte nicht besser beginnen. Thorsten Carroll trug den ersten Kickoff mal direkt über 75 Yards in die Endzone der Spartans zurück. Ein Extrapunkt von Thomas Schwambach und wir führten 7-0. Natürlich schwammen wir auf einer emotionalen Monsterwelle. Die zerbrach aber schnell an der Mauer aus englischen Körpern. Die Spartans konterten und zogen noch in der ersten Halbzeit auf 28-7 davon. Ihrem kraftvollen Spiel an den Linien konnten wir kaum was entgegensetzen. Doch auf einmal lief unser Passspiel wieder. Clifford fand die Zeit und seine Receiver, sodass wir uns bis zur Halbzeit auf 20-28 rankämpfen konnten. Ich konnte einen Touchdown fangen und Florian Gneist erzielte den dritten Score für uns. Im Anschluss zeigte sich jedoch unser Problem an diesem Tag. Anders als in der deutschen Bundesliga durfte man in dem europäischen Wettbewerb keine *Kicking Plate* benutzen. Das war eine kleine Platte aus Hartgummi, auf den der Holder den Ball stellte, damit der Kicker besser unter den Ball kam. Schwammi, unser Mr. Zuverlässig, kickte normalerweise immer mit Platte. In der Woche vor dem Halbfinale hatte er im Training dann umgestellt und traf auch recht gut ohne. Beim dritten TD klappte es allerdings nicht, und der Versuch, durch einen Pass auf mich eine Two-Point Conversion zu erzielen schlug auch fehl. Somit stand es zur Halbzeit 20-28.

Nach der Pause wurde es sogar noch besser. Mein zweiter TD brachte uns auf einen Punkt heran. Den Extrapunkt verwandelte diesmal Andreas Schröder, der als RB mitgekommen war, aber eigentlich auch ein Kicker war. Die Spartans konnten in der zweiten Hälfte nur noch einmal scoren und so ging es mit 27: 35 auf die Zielgerade. Und erneut warf Cliff einen Pass auf mich und ich erzielte mit dem dritten TD wieder den Anschluss. Leider gingen dabei dann die Pferde mit mir durch und ich *spikte* den Ball in allerbester NFL-Manier mit voller Wucht auf den Boden. Nur zu blöd, dass in Europa nach *College-Regeln* gespielt wurde und immer noch wird. Da ist solch ausgiebiges Jubeln nicht erlaubt, und wird wegen *Unsportlichkeit* mit 15 Yards Raumstrafe geahndet. Dadurch wurde es nichts mit dem Extrapunkt.

Wir hatten aber immer noch eine Chance, dass Spiel zu gewinnen. Unsere Defense wuchs über sich hinaus und wir bekamen den Ball noch einmal zurück. Wir marschierten über das Feld, kurz vor Schluss warf Cliff einen Pass nach dem anderen und wir näherten uns der Endzone. Vor dem Spiel hatte ich diese noch abgeschritten und mir war aufgefallen, dass sie nicht die vollen 10 Yards lang war. Genau wie in unserem Heimstadion der Radrennbahn Schöneberg. Das war damals nichts ungewöhnliches: wenn ein Feld nicht die vollen 120 Yards hergab, die es für ein normales Football-Spiel benötigt, dann hat man einfach das Feld in 12 gleich große Abschnitte eingeteilt. Das wurde uns an diesem denkwürdigen Tag dann zum Verhängnis. Nur wenige Sekunden vor Spielende warf Cliff einen tiefen Ball auf mich. Ich konnte den Ball fangen, jedoch erst knapp hinter der etwas zu kurzen Endzone. Das wäre mein vierter TD an diesem Tag gewesen und definitiv der Matchwinner.

So zählte der Pass als *incomplete* und wir mussten versuchen, das Spiel mit einem Field Goal zu gewinnen. Es stand ja 33-35 und ein Kick hätte uns drei Punkte gebracht, genug um den Sieg nach Hause zu bringen. Wir stellten uns auf und Schwammi bekam in dieser entscheidenden Situation das Vertrauen der Coaches. Es war gar nicht mal so weit, ungefähr 35 Meter. Ich stand als Blocker auf der linken Seite am Ende der Linie und hörte wie Schwammi den Ball trat, nur leider hörte ich einen zweiten dumpfen Laut. Ich schaute nach vorne und sah den Ball nicht fliegen, sondern er trudelte vor uns auf dem Boden entlang: Der Kick landete nämlich direkt nach dem Schuss am Helm eines unserer Linespieler, das war das zweite Geräusch, das ich gehört hatte. Der Traum vom Euro Bowl hüpfte 10 Meter vor uns auf dem Boden.

Es war unfassbar niederschmetternd. Wir waren am Boden zerstört, wieder war im Halbfinale Schluss, genauso wie 1988 in London. Ich saß nach dem Spiel in der Ecke der Endzone und nahm das alles gar nicht mehr war. Ich war völlig durch. Da machst du das Spiel deines Lebens, auf allerhöchstem europäischen Niveau und stehst am Ende doch mit leeren Händen da. Das war nach eineinhalb Jahren meine erste Niederlage mit den Berlin Adlern und einer der bittersten Momente meiner Karriere.

Es gab auch kein weiteres Spiel mehr für uns, da der dritte Platz nicht ausgespielt wurde. War mir persönlich auch nicht so wichtig. Bei der Rückkehr ins Hotel war die Stimmung natürlich ganz schön gedrückt. Der Vorstand lobte in einer kurzen Rede unseren Einsatz und den Kampf bis zur letzten Sekunde. Zur Belohnung sagte er einen Satz, den er heute wahrscheinlich immer noch bereut: „Die Getränke im Hotel gehen auf mich." Die Hotelbar und sämtliche Vorräte des Hauses waren in allerkürzester Zeit aufgebraucht. Nur gut, dass es in Rimini noch den einen oder anderen Club und auch ausreichend Bars mit Nachschub gab.

Viel weiß ich von dieser Nacht nicht mehr. Nur, dass ich wiederholte Begegnungen mit einem Cocktail namens Alabama Slammer machte, und die Party am Strand endete. Was ich bis heute noch immer nicht weiß, warum ich am nächsten Morgen so viel Sand in meiner Unterhose hatte? Da wir ja fest eingeplant hatten, dass Endspiel zu erreichen, hatten wir noch ein paar freie Tage. Die meisten von uns machten den Strand unsicher. Wir liehen uns Motorroller, obwohl wir gar nicht den passenden Führerschein dazu hatten, und cruisten die

Promenade entlang. Richtig Stimmung kam dann nochmal auf, als unser Quarterback und der amerikanische Safety am Strand einen Videorecorder für den Spottpreis von 50 D-Mark erstanden hatten. Normalerweise kosteten solche Geräte zu der Zeit ein Vielfaches.

Das hätte sie schon stutzig machen sollen. Voller Stolz kamen sie damit ins Hotel: Cliff und David wollten uns ihr Schnäppchen natürlich sofort vorführen. Das dies kein gutes Ende nehmen konnte, jedenfalls für die beiden, war uns klar. Es kamen recht viele Mannschaftskameraden zur Vorführung zusammen. Zunächst waren wir sogar etwas überrascht. Die Verpackung sah wirklich sehr nach Original aus. Wahrscheinlich war das auch das Einzige was echt war. Beim Herausnehmen des Rekorders fiel das gute Gewicht auf: solide Handarbeit. Nur komisch, dass die Anzeigen schon leuchteten, obwohl der Stecker noch gar nicht in der Steckdose war. Das Display war dann leider auch nur ein Aufkleber, wie er in Möbelhäusern gerne eingesetzt wird, um die Dummygeräte echt aussehen zu lassen. Nun fragten wir uns aber schon, was passieren wird, wenn der Strom anschlossen wird. Ganz mutig wurde der Stecker in die Dose gedrückt und es passierte … nichts! Nur ein Leuchten war im inneren des Geräts zu sehen. Also muss ja irgendwas da drin sein. Nachdem auch wirklich dem Letzten klar war, dass dieser Rekorder niemals auch nur eine Sekunde eines Videotapes abspielen kann, ging es ans Eingemachte. Werkzeug besorgt und aufgemacht die Dose. Der Deckel ging mit etwas Krafteinsatz auch ab, und zum Vorschein kam das Innenleben. Das Stromkabel endete in einer Lampenfassung, mit einer Glühbirne darin. Die klassische Baulampe bei der Wohnungsrenovierung. Und damit das Gewicht nicht gleich den Fake verrät, war noch ein Ziegelstein mit dabei.

Das Ganze ging viel schneller, als ich es im Nachhinein beschreiben kann. Cliff und David drehten auf dem Hacken um und wollten den Verkäufer einholen. Doch auch unter der Mithilfe der Spieler, die nicht vor Lachen auf dem Boden lagen, war das selbstverständlich ein hoffnungsloser Versuch. Der gute Mann, war garantiert schon auf einem geliehenen Motorroller auf dem Weg zur nächsten Pizzeria um seinen Verkaufserfolg zu feiern.

Playoff, die Zweite

Zurück in der Heimat konnten wir uns wieder auf die deutsche Meisterschaft konzentrieren. Durch den ersten Platz in der Gruppe Nord B hatten wir im Achtelfinale mal wieder ein Freilos. Die Spiele der ersten Playoff-Runde bescherten uns als Gegner die Red Barons Cologne, die die Dortmund Giants mit 52-0 regelrecht abgeschossen hatten. Genau diese Red Barons, die uns in den beiden vorigen Jahren im Halbfinale und Finale jede Menge Arbeit bescherten. Aber diesmal sollte es ganz anders kommen. Zu Beginn dominierten die Verteidiger. Einige Ballverluste auf beiden Seiten sorgten für die ersten Punkte. Zunächst führten die Kölner, aber bis zur Halbzeit kamen wir immer besser in Schwung und führten schon mit 30-7. Nichts konnte uns an diesem Tag stoppen. Immer wieder brachte unsere Defense uns in gute Ausgangssituationen und der Angriff ließ sich nicht lumpen. Am Ende hieß es 57-31 für uns. Vier der acht Touchdowns an diesem Tag gingen auf mein Konto. Doch den allerschönsten erzielte mein alter Bulldogs-Kollege Christian Czwalinna. Er nahm im ersten Quarter einen Fumble von dem Kölner Quarterback auf, als die Red Barons drauf und dran waren erneut in Führung zu gehen. Dabei sicherte er den Ball aus der Luft tief in unserer Hälfte und sah nur noch die grüne Wiese vor sich. Czwalli trug den Ball über 75 Yards schnurstracks für sechs Punkte nach Hause. Schön war auch seine Aussage im Fernsehinterview danach, dass er normalerweise für so weite Strecken das Auto nimmt. Das war für die rheinischen Gäste ungefähr so schön wie ein Zahnarztbesuch. Der Zahn war gezogen und das Spiel nahm seinen Lauf. Halbfinale wir kommen.

Gegner in der Vorschlussrunde waren die Bad Homburg Falcons, die sich deutlich gegen unseren Endspielgegner von 1987, die Badener Greifs durchgesetzt hatten. Wir wussten nicht wirklich viel über die Falken, außer dass sie ein paar Nationalspieler hatten, mit denen wir 1989 zusammengespielt haben. Das störte uns aber überhaupt nicht. Nach fast zwei Jahren ohne Niederlage in Deutschland, hatten wir so eine breite Brust, da hätte eine sechsspurige Autobahn Platz gehabt. Wir wussten um unsere Stärke. Einige nannten das Arroganz, wir Selbstbewusstsein. Wenn sich jemand auf ein Shootout mit uns einlassen wollte, war er herzlich willkommen. Bad Homburg versuchte, mit uns mitzuhalten. Immerhin hatten sie den Sieger der Bundesliga Gruppe Süd A rausgeschmissen. Zur Halbzeit war es auch noch einigermaßen spannend. Meine zwei Touchdowns plus jeweils einen von Florian Gneist und Cliff Madison brachten uns eine 28-17 Führung. In der zweiten Halbzeit zogen wir dann aber davon und konnten mit 52-31 den zweiten Finaleinzug hintereinander klarmachen. Doch so einfach wie wir dachten war es leider nun gar nicht. Die Falcons hielten körperlich sehr gut dagegen und wir hatten einige Jungs, die Blessuren davongetragen hatten, unter anderem leider auch mich. Obwohl man ja versucht, während des Spiels immer irgendwie warm zu bleiben und die Muskeln geschmeidig zu halten, erwischte es mich. Bei meinem dritten Touchdown spürte ich kurz vor der Endzone ein

Ziehen im hinteren Oberschenkel und merkte, da ist was kaputt. Zwar ließ ich mich nicht davon abhalten, noch den Weg in die Endzone zu beenden, aber das Spiel war dann für mich vorbei.

Mir blieben zwei Wochen, um für das Finale fit zu werden. Ein enges Fenster für einen Muskelfaserriss. Dazu kam dann noch die Einladung zum Tryout für die neue World League of American Football, die im Anschluss des Finales stattfinden sollte. Der Vorläufer der NFL Europe suchte für seine erste Saison ein paar Einheimische als Local Heros. Die Aussicht auf diese beiden Highlights ließ mich jeden Tag zum Physio gehen, um mich mehrere Stunden behandeln zu lassen und zu trainieren. Ich kam mir in einigen Situationen ein bisschen wir John Rambo vor als er mit Elektroschocks gefoltert wurde. Erst fühlten sie nach dem Schmerzpunkt, dann gab es die Elektrode direkt drauf und dann den Regler ganz nach rechts. Die anderen Patienten müssen manchmal gedacht haben, dass sie in einer Geburtsklinik sind und nicht in einer Physiotherapiepraxis. Das war wie Zuckerbrot und Peitsche: einerseits die Fangopackungen, Dehnübungen und Massagen und dann andererseits immer wieder der graue Stromkasten. Aber irgendwie haben sie es geschafft, dass ich vor dem Finale in Düsseldorf doch einigermaßen rennen konnte. Ich wollte mir das Endspiel gegen die Cologne Crocodiles auf keinen Fall entgehen lassen.

Um einen Eindruck zu bekommen, welchen Stellenwert American Football Anfang der 90er Jahre hatte, schildere ich gerne noch die äußeren Umstände zum Endspiel 1990. Gespielt wurde im alten Düsseldorfer Rheinstadion. So weit so gut. Die Anreise war auch noch ganz in Ordnung, mit dem Flieger ging es am Freitag nach Düsseldorf. Ein kurzer Hüpfer und schon waren wir da. Perfekt soweit. Nun endete aber der Einfluss des Vereins auf Unterbringung und Abläufe. Der Verband hatte für uns eine Unterkunft besorgt. In Mönchengladbach, knapp 40 km entfernt, in einer Jugendherberge, in Mehrbettzimmern, mit 20 Mann in einem Raum! Ich bezweifele, dass die Kölner ebenfalls in solch einer Unterkunft übernachtet haben. Sie waren ja auch nur 40 km entfernt vom Stadion, konnten dafür aber in ihren eigenen Betten einen ungestörten Schlaf genießen. Man kann sich vorstellen, was für eine Geräuschkulisse bei 20 jungen Männern in einem Raum geherrscht hat. Nicht wenige hatten den Kopfhörer ihres CD-Spielers während der ganzen Nacht auf dem Kopf.

Irgendwie fanden dann doch alle etwas Schlaf und zum Kickoff um 16 Uhr 30 waren wir hellwach. Mein Aufwärmprogramm bestand fast ausschließlich in vorsichtigen Versuchen, ob der Oberschenkel hält. Zusätzlich zu den Massagen und letzten Dehnübungen, wurde mir fast das gesamte Bein eingetaped. Dazu musste ich mir die Haare am rechten Bein fast komplett abrasieren. Unsere Sprunggelenke und Unterschenkel waren sowieso schon haarlos, da wir zur Vermeidung von Bänderverletzungen im Fußgelenk immer zum Spiel einen Verband aus elastischem Klebeband trugen, den Tape-Verband. Und weil das Entfernen des Tapes mit Haaren einem schmerzhaftem Waxing gleichkam, rasierten wir zum Anfang der Saison die Haare ab. Man hätte das Ganze auch mit einem Untertape quasi abdecken können, aber wir hatten die Erfahrung gemacht, dass es mehr schützte, wenn es direkt auf der Haut klebt. Da ich dann noch zusätzlich den Oberschenkel bandagiert bekam, war das Bein bis auf einen zwei Zentimeter breiten Streifen unterhalb des Knies komplett haarfrei. Das Tape zur Entlastung und zum Schutz des Oberschenkelbeugers begann unterhalb des Knies und reichte bis hoch zur Hüfte. Ich kam mir ein bisschen vor wie Robocop und dachte schon, dass draußen am Spielfeldrand jemand mit einer Fernbedienung steht, der das Ding steuert. Ich konnte aber laufen und fühlte mich gut.

Obwohl der Faserriss bestimmt noch nicht zu 100 % ausgeheilt war, wollte ich spielen. Nominell wurde ich in der Aufstellung auch als Starter geführt, um den Gegner in Ungewissheit zu lassen, ob ich einsatzbereit bin oder nicht. Schließlich hatte ich mit 30 Touchdowns in der Saison mit Abstand die meisten Punkte der Adler erzielt. Im Vergleich hatte ich alleine mehr Punkte erzielt als manch eine Bundesligamannschaft in der ganzen Saison insgesamt. Aber die Coaches wollten mich nicht zu Beginn verheizen, sondern erst mal testen, wie mein Oberschenkel unter realen Wettkampfbedingungen hält. Dazu kam ich dann im Laufe des ersten Viertels aufs Feld und sollte einfach nur geradeaus sprinten. Dabei zog es natürlich sofort wieder im Muskel. Trotz Stretching und Tapeverband spürte ich es immer noch. Full Speed im Spiel ist halt doch noch was anderes als Training oder Aufwärmen.

Also musste doch die Nadel her. Ich lief fast direkt vom Feld in die Kabine. Dabei bekam ich das spektakuläre Spiel gar nicht mit. Es entwickelte sich zum ersten Mal in diesem Jahr eine Partie, die uns alles abverlangte. Es war ein offener Schlagabtausch, weil Kölns Michael Davis ein ums andere Mal unserer Verteidigung entwischte und das Spiel mit seinen Läufen spannend hielt. Zur Halbzeit führten die Crocodiles mit 28-21. Zu dem Zeitpunkt war ich schon in der Kabine und spielte Schlange. Das gesamte Tape musste wieder runter. Das kam mir vor als wenn die Haut abgezogen wird. Es dauerte das gesamte zweite Viertel, das Zeug runterzubekommen. Dann setze mir unser Doc eine Spritze, das heißt es waren wohl insgesamt drei oder vier, die er auf den ganzen Muskel verteilte. Und zur Krönung gab es wieder einen Verband vom Schienbein bis zur Hüfte.

Alleine das ganze Tape, das vor dem Spiel und in der Halbzeit an mir verbaut wurde, war bestimmt teurer als eine Tribünenkarte für das Spiel. Aber es wirkte. Ich habe keine Ahnung was in den Ampullen drin war, die in meinem Muskel landeten. Ich glaube, das Zeug hätte mich wahrscheinlich auch bei einer Blinddarm-OP lächeln lassen. Es war mir in dem Moment so egal, Hauptsache es wirkte, und das tat es. Während des gesamten dritten Quarter rannte ich an der Seitenlinie wie ein Tiger im Käfig hin und her. Ich kam mir schon so vor, als hätte ich einen Graben neben das Spielfeld in den Rasen gerannt. Immer wieder schielte ich aufs Feld und wollte unbedingt meinem Team helfen. Es blieb weiter eine enge Kiste. Nach dem dritten Viertel stand es 35-35. Keine Mannschaft ließ den Gegner wegkommen. Dann hielt endlich unsere Defense, und damit die Kölner nur auf ein Field Goal. Endlich durfte ich wieder aufs Feld. Wir bekamen den Ball zurück und antworteten mit einem Touchdown durch Frank „Stoney" Stahnke. Damit gingen wir mit 42-38 das erste Mal in diesem Spiel in Führung. Zu Beginn hatten die Crocos als erste gepunktet, und wir liefen immer der Führung hinterher. Aber mehr als einen Touchdown kamen sie nicht weg. Im Gegenteil, wir schafften jedes Mal den Ausgleich. Und als unsere Verteidigung den QB Michael Davis und seine Offense dann weiter davon abhalten konnte, Punkte zu erzielen, scorten wir munter weiter. Als es darauf ankam, waren wir als Team zur Stelle. Wir ließen keinen einzigen Punkt mehr zu und legten selber noch einen drauf: Kurz vor dem Ende haute Cliff noch einen raus und ließ den Ball über 50 Yards in meine Arme segeln.

Ich war an der Seitenlinie, die ich im dritten Abschnitt die ganze Zeit außerhalb des Feldes auf und ab lief. Das hatte sich ja gelohnt, ich kannte die Strecke wirklich gut und mein Verteidiger hat wahrscheinlich weder damit gerechnet, dass wir den Ball in der Situation noch einmal tief werfen, noch, dass ich überhaupt in der Lage war, mit dem kaputten Bein so schnell und weit zu laufen. Zu guter Letzt setzte unser Backup QB noch einen drauf und verwandelte den Extrapunkt mit einer Two-Point

Conversion auf RB Matthias Maruhn zum Endstand von 50-38. Das Spiel war aus, wir verteidigten unseren Titel und waren jetzt seit zwei Jahren in Deutschland ungeschlagen.

Die Party startete direkt auf dem Feld. Diesmal konnte ich auch direkt mitfeiern und musste nicht zur Pressekonferenz oder sonstigen langweiligen Verpflichtungen. Nachdem wir mit unseren Fans ausgiebig im Stadion gefeiert hatten, ging es direkt in die Düsseldorfer Altstadt, wo es ja bekanntermaßen den einen oder anderen Laden gibt, wo man gut weitermachen konnte. Wir zogen mit den beiden Pokalen quer durch die Altstadt. Ein Henkeltopf war ein Wanderpokal, der andere war zum Verbleib für den Vereins-Trophäenschrank. Es wurden aber beide ständig mit Altbier gefüllt. Da passten schon einige Liter rein und es war gar nicht so leicht, den mit ausgestreckten Armen vom Tisch zu nehmen.

Das bekam ein Besucher zu spüren, als ich mir den Pokal schnappen wollte und schnell mal ansetzen wollte. Er landete auf dem Oberschenkel des sitzenden Herrn und schwappte zur Hälfte über, voll auf die Hose des unbeteiligten. Nur gut, dass er es mit Humor nahm und sogar die nächste Füllung bestellte. Da über 50 Spieler plus Anhang und Fans es nicht lange in einem Lokal aushielten, zogen wir immer weiter von Laden zu Laden. Dabei hatten wir die Pokale natürlich dabei. Nur nicht immer in unseren eigenen Händen. Ab und zu gingen die Trophäen auch mal durch die Hände von Leuten die rein gar nichts mit uns und dem American Football zu tun hatten. Es hätte mich nicht gewundert, wenn die beiden am nächsten Morgen nicht mehr aufgetaucht wären. Zum Glück kamen aber beide Pokale und alle Spieler, Coaches und Betreuer rechtzeitig zum Flieger und alle haben es heil nach Hause geschafft. Wobei ja nicht alle direkt nach Hause flogen.

Ich versuchte, trotz des lädierten Oberschenkels, an dem Tryout für die WLAF teilzunehmen, aber da ging gar nichts. Ich konnte nicht mal mehr joggen, was nach der Überbelastung des Vortages und dem Raubbau am Körper auch kein Wunder war. Ich konnte mich also nicht vor den Augen der Coaches und Scouts empfehlen, was im Nachhinein wahrscheinlich entscheidend dafür war, dass ich nie in der World League oder NFL Europe gespielt habe.

Dieses zweite Jahr verging wie im Rausch. Nach der Saison wurde erstmals eine Wahl zum Footballer des Jahres durchgeführt. Aufgerufen dazu hatte das wöchentliche Magazin Huddle, das einzige deutsche Football-Magazin, was sogar noch heute existiert. Bei der Wahl 1990 wurde ich zweiter hinter dem US-Amerikaner Michael Davis von unserem Endspielgegner Cologne Crocodiles. Es war eine Riesenehre und ich empfand mich damit als bester deutscher Football-Spieler des Jahres. Aber nicht nur ich war so weit vorne vertreten. Direkt hinter mir lagen mit QB Cliff Madison, RB Taric Al-Habash auf 3 und 4, sowie WR Frank Stahnke auf 6 noch drei weitere Adler. Damit waren wir vier Berliner auf den ersten sechs Plätzen. Es war für mich die Saison mit den meisten Punkten meiner gesamten

Karriere. Am Ende standen 190 Punkte mit 31 Touchdowns und 2 Two-Point Conversions auf meinem Konto – und das in nur 15 Pflichtspielen.

Das Missverständnis World League

Nach den Strapazen mit der Verletzung aus dem Halbfinale war erst mal eine ruhige und ausführliche Reha angesagt. Jetzt konnte ich mir ja Zeit lassen und hatte keinen Druck, zu früh wieder ins Training einzusteigen. Nachdem ich beim *Try out* der *World League* nicht teilnehmen konnte, machte ich mir auch wenig Hoffnung auf ein Engagement in der neuen weltweiten Profiliga. Der interkontinentale Ableger der NFL startete im Frühjahr 1991 mit zehn Teams. Sechs davon in den USA, drei in Europa und eines in Kanada. In Deutschland wurde Frankfurt Galaxy ins Leben gerufen. In jeder Mannschaft sollten drei *Nationals* spielen, das waren Spieler die nicht aus den USA kamen und teilweise noch nicht mal vorher Football gespielt haben. Es wurde weit über den Tellerrand geschaut und einige etablierte Athleten aus andern Sportarten gescoutet. Unter anderem wurde Frank Emmelmann, ein ehemaliger Topsprinter aus der DDR, ins Camp eingeladen.

Eine Ostberliner Zeitung wollte im Vorfeld eine Story über den Weltklassesprinter aus Magdeburg schreiben. Der Reporter hatte mich schon öfter in den beiden vergangenen Jahren vor und nach unseren Spielen interviewt und fragte mich, ob ich ihm meine Ausrüstung für das Fotoshooting zum Artikel leihen könne. Da sollte ich meinen Helm und Schulterschutz einem Konkurrenten um einen Platz im Kader leihen, damit er in einem Portrait auf Football-Spieler machen kann. Das Equipment war damals nicht so leicht zu bekommen. Es wurde auch nicht vom Verein gestellt. Wir mussten uns den Helm, die Pads, Handschuhe und auch Schuhe selber besorgen. Deswegen war ich auch erst mal sehr skeptisch, das aus der Hand zu geben. Letztlich kam dann doch der nette Junge in mir durch und ich lieh dem Autor Klaus Weise meine Ausrüstung. Am Ende war es dann doch umsonst, da Emmelmann nach einer Woche im Camp die Segel strich und nach Hause flog.

Im Gegensatz zu mir schaffte er es aber immerhin bis in die USA ins Camp. Ich hatte im Januar 1991 zwar einen Brief von der WLAF erhalten, dass ich einer der Spieler war, der im Rahmen der *Operation Discovery* für die Liga ausgewählt wurde, das war aber das letzte was ich dann gehört hatte. Mir wurde angekündigt, dass weitere Informationen folgen werden und die genauen Daten zum Flug und dem Camp kurzfristig an mich geschickt werden. Nur leider kam plötzlich nichts mehr.

Meine Anrufe zu der einzigen Kontaktperson in Frankfurt halfen leider auch nicht weiter. Der Mitarbeiter versuchte zwar, sich für mich zu informieren, aber ohne zählbares Ergebnis. So erfuhr ich im Nachhinein, dass es anscheinend eine Namensverwechslung gegeben hatte. Denn Andreas Motzkus, ein QB und WR von den Düsseldorf Panther, war im Camp mit dabei. Andreas ist weder mit mir verwandt noch verschwägert, und war einer von drei Motzkus-Brüdern die in Düsseldorf spielten. Er schaffte den Sprung nach Birmingham. Angeblich musste er in Frankfurt vor dem Abflug drei Tage warten, weil das Ticket nicht auf den richtigen Namen ausgestellt war. Da soll wohl Roman Motzkus draufgestanden haben. Allerdings weiß ich nicht, ob das der Wahrheit entspricht oder mir im Nachhinein nur erzählt wurde, um mich zu beruhigen. Fakt ist, dass ich das erste Jahr nicht mit dabei war. Dieser Fakt wurde mir dann im zweiten Jahr erneut zum Verhängnis.

Diesmal war ich topfit und konnte alle Übungen beim Probetraining im Oktober 1991 in Frankfurt mitmachen. Ich hatte eine akzeptable Zeit auf 40 Yards und auch alle Passfang-Übungen verliefen problemlos. Nur leider war Andreas genauso stark. Wir hatten fast identische Werte bei allen Tests. Nun dachte ich mir, dass ich bessere Karten hatte, weil ich ein wenig größer und schwerer als er war, aber genauso schnell und fangsicher. Das sah der damalige Headcoach der Frankfurt Galaxy leider nicht so. Jack Elway, der Vater der Quarterback-Legende der Denver Broncos John Elway, war für die sportliche Leitung der Hessen in der WLAF verantwortlich. Er entschied sich dafür, Andreas zu nehmen, da er ein Jahr Erfahrung in der World League hatte.

Das war es dann erst mal für mich mit der Liga. Ich war tief enttäuscht. Wir waren geschiedene Leute und ich wollte nichts mehr damit zu tun haben. Als die Liga nach der Saison 1992 eingestellt wurde, habe ich sogar etwas wie eine Genugtuung empfunden. 1995 ging es dann mit einem neuen Konzept weiter. Die NFL Europe wurde ins Leben gerufen, doch diesmal nur in Europa und nur noch mit sechs Teams. In Deutschland kam Rhein Fire aus Düsseldorf dazu. Außerdem waren noch die Gründungsmitglieder London Monarchs und Barcelona Dragons, sowie die neuen Mannschaften Amsterdam

Admirals und Scottish Claymores dabei. Ich war aber weiterhin nicht dabei. Zum erneuten Probetraining bin ich nicht hingefahren. Obwohl die Chance durch ein zweites Team aus Deutschland und einer größeren Anzahl an einheimischen Spielern weit besser als 1990 und 91 war, hatte ich das Interesse daran völlig verloren. Auch ein kurzfristiger Kontaktversuch, als ein ausgewählter Spieler abgesagt hatte, blieb erfolglos. Ich wollte den Stress für 20.000 D-Mark für die gesamte Saison nicht mehr auf mich nehmen. Inzwischen studierte ich in Berlin und verdiente neben dem Football genug Geld. Normalerweise war ich nicht wirklich nachtragend, aber als Spieler sollte es wohl nichts mit einer Profikarriere sein.

Alles neu in 1991

Der Winter 1990/91 hielt für den deutschen Football eine spannende Wandlung bereit. Aus den vier Gruppen mit je sechs Mannschaften, wurde eine zweigeteilte Bundesliga. Es wurden eine Nord- und eine Südgruppe mit je acht Mannschaften eingeführt. Die Stimmen nach einer Reform waren schon lange im deutschen Football zu hören. Zu groß war der Leistungsunterschied zwischen den Playoff-Kandidaten und dem Rest der Liga. Dreistellige Ergebnisse in einem regulären Spiel der höchsten deutschen Liga sollten damit der Vergangenheit angehören. Wir spielten von nun an auch während der regulären Saison gegen die starke Konkurrenz aus Nordrhein-Westfalen. Dazu kamen mit den Hildesheim Invaders und Hamburg Silver Eagles endlich auch mal Mannschaften, wo das Auswärtsspiel nicht mehr als 500 km entfernt war. Und wir wurden auch schon während der Vorrunde mal gezwungen, vier Viertel lang Vollgas zu geben, um ein Spiel zu gewinnen und nicht nur den Score hochzutreiben. Gleich zu Beginn mussten wir auswärts bei den Cologne Crocodiles zur Revanche des Endspiels antreten. Dabei behielten wir ziemlich deutlich die Oberhand. Mit 40-0 bezwangen wir die Crocos in Ihrem Stadion. Die Siegesserie in der deutschen Liga ging also weiter. Im Euro Bowl lief auch erst mal alles nach Plan. Das Heimspiel gegen die St. Gallen Raiders gewannen wir ebenfalls souverän mit 36-8. Der erste Schritt zum Endrundenturnier in Barcelona war geschafft. Gegen die Legnano Frogs aus Italien taten wir uns schon deutlich schwerer. Kein Wunder, waren diese doch eines der damaligen europäischen Spitzenteams. Mit 41-37 konnten wir die Frogs bezwingen, die Entscheidung fiel allerdings erst Sekunden vor Schluss, durch eine *Interception* von David Spencer, einem von nur zwei Importspieler die nach den *EFAF*-Regeln eingesetzt werden durften. Anders als in der heimischen Liga gab es im Euro Bowl die Regelung, dass nur zwei sogenannte „A-Spieler" auf dem Spielberichtsbogen stehen durften. In der Bundesliga konnte man damals bis zu acht amerikanische Spieler im Roster haben. Da ein Posten von QB Cliff Madison besetzt war, entschieden sich die Coaches David auflaufen zu lassen, weil er nicht nur als Safety, sondern auch als Runningback sehr wertvoll war. Wie wichtig er sein konnte, zeigte er Sekunden vor dem Schlusspfiff, als er in aussichtsreicher Position für Legnano, kurz vor unserer Endzone einen Pass des QB abfing und somit das Spiel quasi beendete. Zu dem Zeitpunkt jubelten wir noch über einen Auswärtstrip zum Halbfinale und Finale nach Spanien. Doch kurz nach dem Spiel kam die Nachricht, dass der Ausrichter, die Barcelona Howlers, das Turnier nicht stemmen können. Damit schieden sie, ebenso wie die Helsinki Roosters, aus, und das Halbfinale war gestrichen. Übrig blieben neben uns noch die Amsterdam Crusaders. Damit waren wir die erste deutsche Mannschaft, die bei der insgesamt fünften Austragung des Euro Bowls, den Einzug ins Finale geschafft hatte, wenn auch etwas anders als geplant. Es begann die hektische Suche nach einem Ersatz-Austragungsort. Es wurde dann auch ein Ersatz gefunden: Das Stadion Am Bieberer Berg der Kickers

Offenbach, räumlich nahe bei Frankfurt und gut erreichbar, konnte für das Finale genutzt werden. Dabei kam natürlich auch das Fanpotenzial der Frankfurt Galaxy zum Tragen. Es sollte ja ein würdiger Rahmen für das Spiel um die europäische Krone geboten werden. Statt an die Mittelmeerküste, ging es also nach Hessen. Was allerdings nicht anders war, waren die Temperaturen. Es war an den Tagen vor dem Finale so heiß, dass wir kaum hinterherkamen, den Flüssigkeitsverlust beim Training auszugleichen. Da hatte doch unser Betreuerteam eine prickelnde Idee. Damit wir mehr Salz und Mineralien in kürzerer Zeit aufnehmen können, dachten sie, es wäre ideal, die angemischten Iso-Drinks ein wenig aufzupäppeln. Nur leider hatten sie natürlich keine Zutaten in Pulverform zur Hand. Also war die Lösung, Speisesalz in die Getränketonnen zu kippen. Man kann sich unsere Gesichter vorstellen, als wir nichts ahnend zur Getränkepause kamen und das völlig ungenießbare Wasser-Iso-Salz-Gemisch tranken. Die Idee war ja nett, aber als Ernährungsexperte hätte keiner von den Jungs einen Job bekommen.

Keiner ist in der Vorbereitung verdurstet und wir brannten auf das Spiel gegen die Crusaders. Eine Favoritenrolle konnte im Vorfeld niemand festlegen, da es keine wirklichen Vergleiche gab. Zu Beginn klappte fast alles auf unserer Seite. Wir marschierten über das Feld mit guten Läufen und einigen Pässen. Dabei kam es zu einer Kopie meines allerersten Adler Touchdowns, erzielt 1989 ebenfalls gegen Amsterdam. Cliff gab mir eine Post-Comeback-Route. Dabei läuft man 10 Yards geradeaus und biegt dann im 45-Grad-Winkel in Richtung des Goalposts ab. Nach fünf weiteren Yards gibt es wieder einen Richtungswechsel, diesmal aber um 90 Grad zurück zum Quarterback. Damit lief ich Cliff quasi wieder ein Stück entgegen. Der Ball kam perfekt in time und Richtung, und es war ein Leichtes, ihn direkt vor meiner Brust zu fangen. Da kein Passverteidiger an mir dran war, konnte ich mich drehen und den Sprint Richtung Endzone anziehen. Ich gelangte unberührt bis zur Goalline und lief noch weiter bis zum hinter der Endzone aufgebauten VIP-Zelt und klatschte mit den Fans ab. Der Extrapunkt von Andreas „Bibo" Schröder saß und wir führten früh mit 7-0. Das war leider der Weckruf für die Niederländer. Sie gleichen nicht nur aus, sondern gingen bis zur Halbzeit sogar mit 21-7 in Führung.

In der Halbezeit fanden die Coaches um Mario Hanratty und Andreas Reichel mal wieder die richtigen Worte und taktischen Varianten, um das Spiel wieder an uns zu reißen. Unsere Defense ließ keine Punkte in der zweiten Halbzeit mehr zu. Bärenstark kämpften sie die Crusaders nieder und gaben uns immer wieder den Ball zurück. Cliff fand zweimal Stoney Stahnke in der Endzone und wir kamen bis vor dem Extrapunkt auf 20-21 heran. Doch da war doch was? Ein misslungener Kick hatte uns im Vorjahr den Einzug in das Euro-Bowl-Finale in Rimini gekostet. Diesmal ging es im Finale kurz vor dem Schlusspfiff gehörig schief. Der Kick wurde geblockt und trudelte mal wieder über den Rasen, anstatt durch die

Torstangen zu fliegen. Das war es, Amsterdam gewann seinen ersten Euro-Bowl-Titel und für uns blieb im Euro Bowl mal wieder nur der Frust des Besiegten. Auf der Fahrt zum Hotel wurde aus Frust der gesamte Biervorrat einer Tankstelle aufgekauft und der schale Geschmack der Niederlage heruntergespült.

Besser lief es allerdings in der heimischen Liga. Trotz der größeren Konkurrenz und dem härteren aber auch spannenderen Wettkampf in der neuen zweigleisigen Liga, konnte uns lange niemand etwas anhaben. Nur einmal mussten wir uns erstmalig seit 1988 wieder einem deutschen Team geschlagen geben. Ausgerechnet gegen die Cologne Crocodiles verloren wir das Heimspiel im Stadion der Radrennbahn Schöneberg mit 30-35. Vielleicht lag es an dem Unterschätzen des Gegners, oder aber auch daran, dass wir gar nicht mehr ans Verlieren gedacht haben. Fakt war aber, dass die Kölner an diesem Tag besser waren als wir und mehr als verdient gewonnen haben.

Wie es mit Niederlagen manchmal so ist, kommen sie oft zum richtigen Zeitpunkt. Kurz vor den Playoffs hatten uns die Crocodiles unfreiwillig nochmal richtig wachgerüttelt. Das bekamen dann erneut die Bad Homburg Falken zu spüren. Wie im Vorjahr mussten die Hessen wieder bei uns in Radrennbahn antreten. Diesmal allerding nicht erst im Halbfinale, sondern schon eine Runde früher. Als vierter der Südgruppe waren sie im Viertelfinale unser Gegner. Im Vorjahr lieferten sie uns lange einen großen Kampf und unterlagen am Ende 31-52: Diesmal machten wir kurzen Prozeß. Voll motiviert, allen zu zeigen, dass die Niederlage gegen Köln nur ein Ausrutscher war, schickten wir die Falken mit 44-7 nach Hause. Im Halbfinale ging es dann zu Hause gegen die Munich Cowboys, die sich in München mit 21-17 gegen die Red Barons Cologne durchsetzen konnten. Die Cowboys kamen mit großem Selbstvertrauen nach Berlin und wurden damals sogar von einem Kamerateam des Bayerischen Rundfunks begleitet. Zur Halbzeit war das Spiel auch noch recht eng. Doch dann drehten Cliff und ich richtig auf. Insgesamt fünfmal bediente mich mein QB in der Endzone. Das war das erste und bisher einzige Mal, dass ein Spieler der Berlin Adler fünf Touchdowns in einem Playoff-Spiel erzielen konnte.

Ein weiterer Punkt war für mich eine bleibende Erinnerung. Ich war ein eher ruhiger Spieler, was das Thema Trash Talk anging. Ich strafte meine Gegner eher mit der Arroganz, nichts zu sagen, mich einfach umzudrehen und weg zu gehen. Egal was sie mir an den Kopf warfen, ich fing einfach den Ball und machte meine Punkte. Bei dem Halbfinale gegen die Cowboys platze mir aber einmal verbal der Knoten. Nachdem ich den fünften Touchdown in der Endzone fing, wollte mir mein Gegenspieler immer noch erzählen, wie schlecht ich doch eigentlich bin, und dass ich keine Ahnung vom Football habe. Es geschah eine Seltenheit: Ich reagierte auf ihn, drehte mich zu ihm um und sagte: „Das war jetzt der fünfte Touchdown von einem Typ der keine Ahnung hat. Jetzt halt einfach die Fresse!" Erstaunlicherweise blieb der Angesprochene dann auch ruhig. Vielleicht lag es auch daran, dass es dann 46-15 stand, und er es eingesehen hatte.

Der Weg zum dritten German Bowl hintereinander war geebnet. Diesmal ging es nach Hamburg, und es gab sogar ein Hotel mit Doppelzimmern. Es kam wieder zum Duell mit den Cologne Crocodiles. Wie im Jahr zuvor brachte ihr amerikanischer QB Michael Davis sie wieder ins Finale. Die Revanche zum *Shootout* aus dem Vorjahr konnte also beginnen. Doch diesmal waren wir besser vorbereitet und voll motiviert. Die Crocos haben uns schließlich im Sommer in unserem Stadion den Fingerzeig gegeben, dass wir nicht unbesiegbar waren. Wir erinnerten uns nur zu gut an die Demütigung vor unseren eigenen Fans.

Es gab in diesem Jahr im Vorfeld des German Bowl sogar ein bisschen mehr Medieninteresse. Wir hatten im Sommer eine Platte aufgenommen. Eigentlich waren es nur zwei längere Songs. Sowas nannte man damals Maxi-Single. Dabei sang auf der A-Seite eine Sängerin den Song „Touchdown" und unsere beiden amerikanischen Sonnyboys Cliff Madison und David Spencer gaben dem ganzen einen Rapper-Touch. Interessanter war aber die B-Seite, die auch vor dem German Bowl zum Thema wurde. Denn darauf durften sich einige Spieler als Rapper verewigen. Unter anderem Cliff, David, Shuan Fatah, Christian Hein, Stoney Stahnke und ich auch. Unser Song hieß „War!" und wurde in einer Nacht produziert. Die Texte und das Studio wurden durch Shuan bereitgestellt, der beste Kontakte in die Berliner Musikszene hatte. Wir spielten den gesamten Song in einer Nacht in einem Studio in Spandau ein. Nun wurde die Scheibe nicht gerade zum Chartkracher und kaum einer hätte vor dem Finale darüber gesprochen, aber da gab es halt doch was. Ich wurde im Sommer von der Sportredaktion von Premiere angefragt, ob ich bei den erstmaligen Übertragungen von NFL-Spielen als Insider ein wenig helfen kann. Damals war Reinhold Beckmann Sportchef und der zuständige Redakteur war Dirk Froberg. Es wurde ein Spiel am Montagabend in einer 50-minütigen Zusammenfassung gezeigt, mit deutschem Kommentar, und im Anschluss gab es 10 Minuten Highlights aus den anderen Partien des Spieltages. An Liveübertragungen war zu diesem Zeitpunkt jenseits vom Super Bowl nicht zu denken. Mein Job war es, darauf zu achten, dass die Kommentatoren die richtigen Begriffe wählten und bei Rückfragen jemanden hatten, der sich mit Football auskennt. Nach und nach durfte ich dann auch mal etwas mehr machen und vertonte am Ende die Highlights der Zusammenfassung. Vor dem German Bowl, der in Deutschland ja immer im Oktober ausgetragen wird, ließ ich also fallen, dass wir Berliner ein verrückter Haufen sind und sogar einen Song aufgenommen haben. Das ließ sich die Redaktion nicht zweimal erzählen, sondern sogar mehrfach vorsingen. Für ein halbstündiges Magazin rund um den German Bowl XIII fuhren sie nach Köln, um ein Interview mit QB Michael Davis und dem Kölner Sänger Wolfgang Niedecken aufzunehmen. Und bei uns drehten sie ein Musikvideo vor einigen Sehenswürdigkeiten Berlins. Das war so schlecht, dass ich heute noch darüber lachen muss. Wir waren jung und hatten kein Geld, und es gab für den Dreh auch keines. Aber wir hatten Spaß und was tut man nicht alles für fünf Minuten Ruhm im Fernsehen.

Als es dann endlich soweit war und der Kickoff zum 13. Endspiel ausgeführt wurde, war das aber wieder vergessen. Wie fast immer gegen die Gelb-Grünen aus der Domstadt, entwickelte sich ein Spiel was zum Nägelbeißer wurde. Zu Beginn hatten wir den deutlich besseren Start. Unsere Defense hielt den Kölner Angriff im Schach und ließ erst mal gar nichts zu. In unserem zweiten Drive fand Cliff, obwohl er mächtig unter Druck geriet, mit einem schönen langen Ball Tight End Thorsten Carroll. Der schüttelte seine Verteidiger bei den Tackle-Versuchen ab wie eine lästige Fliege und sprintete in die Endzone. Im zweiten Quarter legte Madison mit einem kurzen Pass auf unseren anderen Tight End Florian Gneist noch einen drauf und wir führten mit 13-0. Der verschossene Extrapunkt sollte in diesem Spiel noch eine entscheidende Rolle spielen.

   Dann kam der Moment, in dem mein heutiger Kollege Jan Stecker das erste Mal in mein Leben trat. Jedenfalls so, dass ich mich bis heute daran erinnern kann. Jan spielte 1991 nicht mehr auf der QB Position, weil die Crocodiles dort ja inzwischen mit Davis einen Spieler hatten, der QB und RB in einem war. Fand Michael keinen freien Mitspieler oder geriet zu stark unter Druck, rannte er selber mit dem Ball unterm Arm los und ließ so manchen Gegner alt aussehen. Dadurch rutschte Jan auf die Tight-End-Position und machte das mehr als gut. Einen Pass von Davis konnte er an der 5-Yard Line fangen, drehte sich aus dem Tackle von zwei meiner

Mitspieler heraus und hechtete sich mit einem Sprung in die Endzone. In allerbester Quarterback-Sneak-Manier. Das muss er irgendwo gelernt haben. Halbzeitstand 14-7 für uns.

Im dritten Viertel dominierten die Kölner das Spiel. Michael Davis lief selber zum Touchdown und brachte sein Team erstmalig an diesem Abend in Führung. Eine Erfahrung die wir nicht oft hatten, in einem deutschen Endspiel in der zweiten Halbzeit in Rückstand zu geraten. Und es kam noch schlimmer. Im vierten Viertel tankte sich RB Markus Finke aus 1 Yard Entfernung in unsere Endzone und erhöhte auf 21-13 für Köln. Alles schien gegen uns zu laufen. 8 Punkte Rückstand und kaum noch Zeit auf der Uhr. Doch dann schlug unsere Stunde. Jeder im Stadion rechnete jetzt mit unserer stärksten Waffe, dem Passspiel von Madison. Doch anstatt volles Risiko zu gehen, überraschte unser Offense Coordinator Mario Hanratty mit Laufspielzügen über Matt Maruhn. Wir liefen fast über das ganze Feld direkt bis vor die Endzone der Crocos. Da versuchten wir mal wieder einen Pass und unser QB wurde prompt unter der Defensive Line der Kölner begraben. Dritter Versuch und Goal an der 4-Yard Line. Wir kamen zurück zu dem, was im ganzen Drive geklappt hatte. Matt Maruhn bekam den Ball, läuft über die linke Seite und kam 3 Yards nach vorne, bis an die Goalline, wurde aber kurz davor von Marcus Kaimer gestoppt. Vierter Versuch und 1 Yard bis zum Touchdown. Kein Gedanke daran, dass man hier auf das Field Goal geht. Ein TD und eine Two-Point Conversion und wir hätten das Spiel ausgeglichen, und den

moralischen Vorteil auf unserer Seite. Also: „Go for it!"
Jetzt brauchen wir unseren besten Spielzug und müssen
ihn auch fehlerfrei auf den Rasen bringen. Wenn das
Play missglückt, ist das Spiel verloren. Und wieder
bewiesen Hanratty und Madison, dass sie cool wie eine
Hundeschnauze waren. Ein Playaction-Spielzug bei
Vierte und Goal an der 1-Yard Line, die Eier musst du
erstmal in der Hose haben. Wir verkauften allen im
Stadion, dass wir den Ball durch die Mitte in die Endzone
laufen werden. Wir zogen sogar noch den Tight End per
Motion in die Mitte als zusätzlichen Blocker. Und alle, ja
wirklich alle Verteidiger fielen darauf hinein. Mein
Cornerback rannte sofort in die Mitte als er den
vermeintlichen Lauf sah und ließ mich völlig alleine
stehen. Clifford behielt aber den Ball in der Hand und
rollte heraus auf die rechte Seite zu mir. Ich ging den
einen Schritt in die Endzone und wartete auf den Pass.
Zum Glück geriet Cliff nach dem Fake nicht zu stark unter
Druck, erkannte, dass ich ohne Gegenspieler dastand
und warf mir den Ball locker zu. So einfach kann ein
Touchdown sein.

Im Nachhinein, wenn ich die Szene heute noch sehe,
mag ich mir nicht vorstellen was passiert wäre, wenn ich
den Ball hätte fallen lassen. War ja zum Glück nicht so,
aber das war auch nur die halbe Miete. Schließlich
hatten wir ja den Extrapunkt nach dem zweiten TD
versemmelt und lagen jetzt also 19-21 hinten. Natürlich
spielten wir jetzt auf zwei Punkte, also noch mal den Ball
in die Endzone bringen. Und weil ein angetäuschter Lauf
eben so gut geklappt hatte, sollte es noch mal gehen.

Diesmal allerdings versuchten wir es noch trickreicher: Der Ball ging an RB Taric Al-Habash, der einen Lauf über die rechte Außenseite antäuschte. Er lief aber nur parallel zur Anspiellinie und sollte einen Pass auf mich in die Endzone werfen. Wieder war ich durch den Fake soweit offen, als wenn die Kölner mich vergessen hätten und ich unsichtbar war. Taric warf den Ball, ich sah in auf mich zu trudeln und 2 Meter vor mir auf dem Boden aufschlagen! Ich hätte noch nicht mal nach vorne springen können, da ich ja dann nicht mehr in der Endzone war und der Spielzug in dem Moment abgepfiffen wird, wenn ich mit dem Ball in der Hand den Boden berühre. Egal ob ein Gegner mit mir Kontakt hatte oder nicht. Nach den College-Regeln, nach denen in Deutschland gespielt wird, ist der Spielzug damit beendet. Ich konnte es nicht fassen und schaute Taric ungläubig an, nachdem der Ball mit einmal aufsetzen in meinen Händen gelandet war. Nichts mit Ausgleich, es blieb beim 19-21. Doch noch war es nicht vorbei. Wir mussten Köln nur so schnell wie möglich stoppen und selber nochmal in Ballbesitz kommen. Nichts leichter als das. Wer uns kannte, der wusste, dass Aufgeben nicht so unsere Ding war. Doch ganz von alleine konnten wir unser Schicksal kaum entscheiden. Anstatt eines *Onside Kick*, bei dem man versucht, den Ball nur 10 Yards nach vorne zu spielen und ihn dann selber wieder zu erobern, vertrauten wir unserer Defense. Der Kick ging weit und Köln musste nach einem Foul tief in der eigenen Hälfte an der 16-Yard Line beginnen. Erstaunlicherweise setzten sie nicht ausschließlich auf ihr starkes Laufspiel, sondern versuchten uns mit Pässen zu überraschen.

Doch das ging schief. Ein langer Passversuch auf Jan Stecker geriet zu lang und beim drittem Versuch und 11 an der eigenen 30-Yard Line misslang der Pass auf Markus Finke auch. Damit mussten sie den Ball per Punt noch einmal an uns abgegeben. Das war wie ein extra Boost beim Autorennen, wenn du das Nitrogemisch in den Motor jagst. Wir bekamen den Ball und es folgte die alles entscheidende Spielszene. Beim ersten Versuch und 10 an der eigenen 32-Yard Line, war die Crocodiles Defense vor dem Snap etwas durcheinander. Es fehlte ein Spieler, plötzlich liefen zwei Verteidiger aus der Team Zone aufs Feld, jetzt war also einer zu viel. Schnell wieder zurück. Jedoch schaffte er es nicht mehr rechtzeitig vor Beginn des Spielzuges über die Seitenlinie zu kommen. Und auch wenn mein Freund und Kupferstecher Jan Stecker auch heute noch behauptet, der Spieler wäre rechtzeitig vor dem Snap runtergekommen, dem kann ich nur entgegen setzen: „Nein!" Ich habe mir das Video immer und immer wieder angeschaut, und es zeigt eindeutig, dass der Ball im Spiel war und sich zu dem Zeitpunkt 12 Kölner auf dem Feld befanden. Wer es nicht glaubt, dem sei ein Verweis auf ein Youtube-Video gestattet. Dort lässt es sich sehr deutlich beweisen. Das Ganze wäre gar nicht so tragisch gewesen, jedoch entpuppte sich dieser Spielzug als extrem wichtig für uns Adler. Erneut versuchten wir es mit einem Laufspielzug über die linke Seite mit Matt Maruhn. Hatte ja eben auch so schön geklappt. Nur diesmal verlor Matt den Ball bei dem Tackle von Linebacker Christian Breinig, weil er ihn wie eine Handtasche zu weit vom Körper trug, und Köln sicherte sich den Fumble. Kollektiver Jubel in grün-weiß-gelb und da hatten sie eine Hand am Meisterpokal. Aber leider hatten die Schiedsrichter sehr gut den Wechselvorgang vor dem Spielzug im Auge und hatten den Fehler bemerkt.

Es flog also eine gelbe Flagge und der Spielzug wurde damit annulliert. Anstatt Ballbesitz Köln, gab es eine Raumstrafe gegen sie und wir bleiben in Ballbesitz. Wider ging es mit dem Laufspiel weiter, diesmal allerdings über Taric Al-Habash. Es war schon langsam knapp mit der noch verbleibenden Zeit. Doch bei dem Spielzug verletzte sich OL Stefan Mücke, weil er noch einen späten Hit gegen den Kopf bekam und mit einer leichten Gehirnerschütterung vom Platz geführt werden musste. Da hielt die Uhr an, und wir konnten in aller Ruhe die nächsten Spielzüge besprechen. Es folgten zwei weitere gute Läufe von Taric und wir waren in der Hälfte des Gegners angekommen. Doch beim zweiten Versuch und 7 an der gegnerischen 30-Yard Line wurde Cliff gesackt. Nicht nur, dass wir ein paar Yards verloren, auch die Uhr lief gegen uns gnadenlos runter. Wir wollten uns so schnell wie möglich wieder aufstellen, um den Ball zu spiken, das heißt absichtlich direkt nach dem Snap auf den Boden werfen. Man verliert dabei zwar einen Versuch, aber es hält die Uhr an. Vierter Versuch, noch drei Sekunden zu spielen. Field-Goal-Versuch aus 45 Yards Entfernung. In so einer Situation möchtest du nicht der Kicker sein. Vor allem wenn schon ein Extrapunkt aus wesentlich näherer Distanz in die Hosen ging. Die gesamte Mannschaft kniet am Seitenrand nieder und wartet auf den Snap, Hold, Kick: Andreas „Bibo" Schröder, der Pechvogel aus dem Euro-Bowl-Finale, wo sein Extrapunkt zum Ausgleich geblockt wurde, genau der Junge hatte Nerven aus Stahlseilen. Mitten durch die Goalposts und rein ins schwarz-gelbe Glück kickt er die Lederpille in den dunklen Hamburger Nachthimmel. Noch als der Ball unterwegs war, drehte Bibo schon ab und rannte in Richtung unserer Endzone. Erst in unserer eigenen Hälfte konnten wir ihn einfangen und es gab einen riesigen Menschenberg aus schreienden kleinen Jungen. Nur mussten wir den Jubel nochmal unterbrechen. Die Uhr zeigte drei Sekunden an. Also musste noch der Kickoff ausgeführt werden. Die allerletzte Chance für Köln noch einmal zu kontern. Bibo Schröder der sich eben zum Helden gekickt hatte, musste noch mal ran. Er schoss den Ball flach nach rechts, damit er nur schlecht gesichert und zurückgetragen werden konnte. Sobald der Returner den Ball berührt, läuft die Zeit und der Spielzug wird auf jeden Fall zu Ende gespielt, auch wenn die Uhr abgelaufen ist. Nur leider hüpfte der Ball ein bisschen zu weit und ging unberührt über die Seitenauslinie. Das ist eine Strafe, weil ein Kickoff nicht einfach direkt ins Seitenaus gekickt werden darf. Also Kommando zurück, im wahrsten Sinne des Wortes, nämlich 5 Yards nach hinten und der Kick muss wiederholt werden. Diesmal schießt Andreas den Ball flach durch die Mitte, wo er von Christian Breinig zwar aufgenommen werden konnte, aber er schaffte es nicht mehr in unsere Endzone zu kommen. Das Spiel war aus. 13.000 Zuschauer auf den Rängen konnten es nicht fassen, wir

auch nicht so wirklich. Aber es war vollbracht:
Der Three-Peat war vollendet. Zum dritten Mal in Folge
holten wir die deutsche Meisterschaft. Etwas was noch
keine andere Mannschaft in Deutschland vorher
geschafft hatte. Die Party auf Hamburgs sündiger Meile
konnte beginnen. Der Winter 1992 war relativ
unspektakulär. Wir hatten die übliche Abschlussfeier und
verschwanden nach ein paar Wochen Beine hochlegen
erst mal in den Krafträumen der Stadt. Das Lauftraining
wurde inzwischen nicht mehr unbedingt am Teufelsberg
durchgeführt, sondern eher in einem
Leichtathletikstadion. Nur pure Ausdauer bolzen bringt
auf den Sprintpositionen im Football recht wenig.
Deshalb ging es jetzt mehr um Sprintausdauer und
allgemeine Reaktions- und Schnelligkeitseinheiten: kurze
Sprints, in schnellen Abständen, hohe
Wiederholungszahlen, Startübungen,
Schrittfrequenzerhöhung und nicht nur pure Ausdauer
oder Bergläufe. Der Vorteil bei diesem Training war, dass
wir individuell auf die Spieler eingehen konnten, und
keinen Horst Santo am Berg trafen. Dabei half wieder
meine langjährige Erfahrung als Leichtathlet. In
freiwilligen Trainingseinheiten waren die Receiver,
Defensive Backs, und einige Runningbacks sowie sogar
ein paar Linebacker mit dabei. Dieses Training brachte
uns nicht nur bessere Sprintfähigkeiten, sondern machte
vor allem auch Spaß. Auf jeden Fall mir, denn ich konnte
durch die Anweisungen und Vorschläge meinem Team
etwas zurückgeben, und dadurch ein kleines Stück dafür
sorgen, uns besser zu machen.

Die Saison 1992

… sollte einige Veränderungen für mich mitbringen. Zunächst lief es erst einmal wie immer. Die ersten Spiele wurden gewonnen, und die persönliche Punktejagd ging weiter. Bis zum Auswärtsspiel gegen meinen eigentlichen Lieblingsgegner die Monheim Sharks. Doch diesmal gab es keine 5 Touchdowns im Spiel, sondern einen herben Rückschlag. Zu Saisonbeginn hatten wir einen Neuzugang von der Brigham Young University aus Utah. QB Lane Bates wurde als Backup für Clifford Madison engagiert. Einige Male war Cliff inzwischen verletzt oder hatte sich im Streit um einen neuen Vertrag oder das liebe Geld mit dem Vorstand gezofft. Und so sollten wir für den Fall der Fälle einen adäquaten Ersatz haben.

Aber, um das mal klar zu stellen: Niemand in Deutschland konnte Cliff zu diesem Zeitpunkt auch nur annähernd ersetzen. Zu dominant war seine Wurfkraft, Genauigkeit, Coolness und sein Spielverständnis. Bei dem Auswärtsspiel musste aber Lane ran, sein erster Start in Deutschland. Cliff war verletzt und stand nur an der Seitenlinie. Die Eltern von Lane waren extra aus den USA eingeflogen, um ihren Sohn spielen zu sehen, was selbst bei *BYU* nicht so oft vorkam. Und was geschieht? Unser QB legt sich mit seiner eigenen Offensive Line an und das ausgerechnet mit dem Center, der ihm den Ball beim Snap durch die Beine reichen soll. Warum das überhaupt passiert ist, kann ich nicht mehr sagen. Ich stand im Huddle, als sich die beiden plötzlich direkt vor uns in die Haare bekamen. Eine Schlägerei unter den eigenen Spielern sieht nicht wirklich gut aus. Ende vom Lied war, dass Lane aus dem Spiel genommen wurde und mein WR-Pendant Stoney Stahnke als QB ranmusste. Trainiert haben wir das nicht wirklich oft. Wir versuchten einige Trickspielzüge, unter anderem einen Reverse-Pass, bei dem ich hinter dem QB entlang lief, den Ball nach hinten zugeworfen bekam und dann den langen Pass auf den Wide Receiver warf. Leider war der Pass ein bisschen zu weit für den Receiver, sonst wäre das ein sicherer Touchdown geworden, so weit offen wie Jörg Opuchlik da auf dem Feld war. Das hätte mein erster und einziger TD-Pass in meiner Karriere sein können, wurde aber nichts. Da der Spielzug aber ansonsten geklappt hat und das Spiel viel enger war als wir es uns vorstellen konnten, versuchten wir weiter ähnliches einzustreuen.

Beim nächsten Trickspielzug sollte ich den Ball wieder im Backfield erhalten, aber diesmal nur den Pass antäuschen und selber laufen. Nur ging leider schon beim Huddle einiges schief. Die Formation wurde falsch angesagt und passte nicht zum Spielzug. Wir versuchten es aber trotzdem auszuspielen. Dabei gelang der Handoff zu mir leider nicht, weil ich auf der falschen Seite am Runningback vorbei laufen wollte und bei der Ballübergabe damit den falschen Arm oben hatte. Normalerweise sollte der Ballträger eine Pocket mit einem Arm oben und einem unten bilden. Die Öffnung wo der Ball reingesteckt werden soll zeigt dabei zum QB oder in diesem Fall zum Runningback. Da ich also auf der falschen Seite ankam und damit auch den falschen Arm oben hatte, landete der Ball anstatt in meinem Armen vor mir auf dem Boden. Ein Fumble, ein freier Ball, den jeder sichern und aufnehmen kann. Ich sah den Ball vor mir trudeln und schaute dabei noch nach vorne. Keiner zu sehen, alles frei vor mir.

Da traf ich die folgenschwere Entscheidung den Ball nicht nur zu sichern, indem ich mich drauf schmeiße, sondern ihn aufzuheben und weiterzurennen. Dabei gab es zwei Probleme: 1. So ein Football springt leider recht unkontrolliert hin und her und lässt sich nicht so schnell und leicht aufheben wie ein runder Ball; und 2. hatte ich die drei Monheimer Verteidiger hinter mir nicht gesehen. Die kamen im Full Speed hinter mir her und wollten mich tackeln. Es kam noch viel schlimmer als nur ein Tackle für Raumverlust. Zwei der Sharks sprangen auf mich und erwischten mich so blöd, dass ich es nur noch knacken hörte. Der Dritte sprang vorbei auf den Ball und sicherte ihn. Ich sah auf und realisierte erst mal, dass der Ball weg war. So ein Sch... Mist. Dann merkte ich, dass irgendwas mit meinem Fuß nicht stimmte. Ich fasste runter an mein linkes Sprunggelenk und spürte schon, da ist was kaputt.

Schmerzen waren da noch gar nicht wirklich spürbar. Zu viel Adrenalin im Körper. Ich konnte aber nicht richtig auftreten. Die Physios kamen auf den Platz und begannen, mich zu untersuchen. Ich zeigte ihnen, wo der Schmerz so langsam durchkam und fasste auf die Stelle oberhalb des linken Sprunggelenks. Dann sagte ich nur: „Ich glaube das ist gebrochen!" Ich konnte durch den Tapeverband den gebrochenen Knochen spüren. Das

Spiel war für mich vorbei, und was ich zu dem Zeitpunkt noch nicht wusste, fast die ganze Saison. Ich humpelte zur Seitenlinie und konnte nicht mal mitansehen, wie das Spiel ausging. Noch während es lief, wurde ich in ein Krankenhaus gebracht und geröntgt. Ich war alleine im Krankenhaus in Monheim und wartete in der Rettungsstelle.

Das einzig Gute war, dass meine damalige Freundin und spätere Ehefrau Heike in der Nähe war. Sie war Cheerleader bei den Düsseldorf Panther und wir hatten uns im Herbst des Vorjahres kennengelernt. Es gab sogar die Überlegung, vor der Saison den Verein bzw. gleich die Stadt zu wechseln. Dann hätte ich mir an diesem Tag vielleicht nicht den Fuß gebrochen, sondern hätte mit ihr gemeinsam auf dem Platz in Düsseldorf gestanden. Aber da wir eine Fernbeziehung hatten und ich jetzt im Krankenhaus lag, war Heike ziemlich aufgelöst, als sie mich in Monheim am Stadion abholen wollte. Stattdessen kam sie gerade an, als ich meine Diagnose vom Unfallarzt bekam: eine Weber-C-Fraktur des linken Sprunggelenks. Auf Deutsch: ein spiralförmiger Bruch des Wadenbeins in den Knöchel hinein. Die Ärzte rieten mir zu einer OP, jedoch wollte ich nicht in Monheim bleiben, auch wenn ich dort natürlich gut umsorgt von meiner Freundin wäre. Jedoch vertraute ich auf unsere Team-Ärzte zu Hause und wollte unbedingt zurück. Nur gut, dass wir zu diesem Zeitpunkt noch immer mit dem Flieger die Auswärtsfahrten antraten. Eine 8-stündige Busfahrt mit dem ganzen Geschaukel und auf engem Raum hätte ich wahrscheinlich nur im Schmerzmittel-

Delirium überstanden. So konnte mich Heike wieder zurück zum Stadion fahren und ich kam gerade noch rechtzeitig, um auf Krücken gestützt in den Bus zum Flughafen einzusteigen. Der Rückflug war zwar auch nicht schön, aber es ging und im eigenen Bett in meinem Elternhaus schlief es sich selbst mit Schmerzen doch besser als in einem fremden Krankenhaus.

Der nächste Tag begann mit dem Besuch bei unserem Team-Doc Schleicher in der Havelklinik. Und weil er der gleichen Meinung war wie seine Kollegen in Monheim, blieb ich gleich da und kam unters Messer. Der Bruch wurde mit einer Platte und einigen Schrauben geschient. Wenn alles gut verlaufe, dann sollte ich im Herbst wieder Trainieren können. Nur ein paar Tage später konnte ich schon nach Hause und, da der Fuß durch die Platte stabilisiert wurde, brauchte ich noch nicht mal einen Gips tragen. Die Wunde wurde aufgrund der Länge von ca. 10 cm nicht genäht sondern getackert. Das sah aus, als wenn jemand Heftklammern in mein Bein geschossen hatte. Selbst nachdem die Klammern draußen waren sah die Narbe noch abenteuerlich aus, wie eine Piratennarbe aus einem schlechtem Kinderfilm. Aber so konnte ich sehr schnell mit der Reha beginnen. Dafür musste ich täglich von Tempelhof nach Schöneberg fahren. Eine relativ kurze Distanz, die ich auch auf Krücken mit den öffentlichen Verkehrsmitteln bewältigen konnte. Ich fuhr jeden Tag in die Rehapraxis und quälte mich bzw. ließ mich quälen. Da ich ja zu der Zeit fast zum Inventar der Praxis gehörte, konnten die Therapeuten auch einiges an mir ausprobieren. Neben den üblichen Anwendungen, wie Fangopackungen, Reizstromtherapie, manueller Behandlung und Koordinationsübungen, gab es noch ein neues Spielzeug: ein computergesteuertes Monster zum Krafttraining. Ich weiß nicht mehr, wie die Kiste hieß, aber das war eine Hassliebe zwischen uns. Auf dem Sitz festgeschnallt, konnte ich den Oberschenkel voll belasten. Da der Fuß in einer Halterung fixiert und ohne Körpergewicht belastet war, konnten wir sehr früh mit dem Krafttraining beginnen. So konnte es vermieden werden, dass ich bei der sechswöchigen Entlastung des linken Fußes durch Krücken, zu viel Muskelmasse verliere. Diese Trainingsmaschine war damals brandneu, selbst die Physios wussten noch nicht, was man damit alles machen konnte. Aber dafür hatten sie ja mich, einen verrückten Sportler, der so schnell wie möglich wieder fit werden wollte. So fanden wir gemeinsam heraus, dass damit sowohl die Maximalkraft als auch die Schnellkraft und Kraftausdauer trainierbar waren.

Mehr als einmal schrie ich bei den Trainingseinheiten alles zusammen. Wer mich kennt, der weiß, dass ich eine recht laute Stimme haben kann. Manche sagen, dass ich als Stadionsprecher nicht unbedingt ein Mikrofon brauche, um im gesamten Stadion gehört zu werden. Wenn sich jemand fragt, woher das kommt, jetzt weiß er es. Nicht nur die Muskeln wurden damals trainiert. Aber vielleicht liegt die laute Stimme auch daran, dass ich früher als Jugendlicher im Fanblock von Hertha BSC und dem BSC Preussen gestanden habe. Das harte Schuften machte sich aber schnell bezahlt. Der Bruch verheilte gut und die Bewegungseinschränkung im Gelenk hielt sich in Grenzen. Schon nach sechs Wochen konnte ich wieder anfangen, den Fuß zu belasten. Erst langsam und vorsichtig, jedoch schon bald immer mehr. Im Sommer konnte ich schon wieder mit leichtem Lauftraining beginnen. Das Ziel, noch im Herbst zurück auf dem Feld zu stehen, stand fest.

Als ich Ende August sogar vorsichtig ins Mannschaftstraining zurückkehrte, war ich fast von mir selbst überrascht. Zum Glück marschierte mein Team auch ohne mich ungefährdet in die Playoffs. 11 Siege in 12 Spielen standen am Ende der Vorrunde zu Buche. Das gewohnte Bild: Platz 1 nach der Regular Season. Und doch gab es eine Neuerung, denn erstmals wurden Berliner Lokalderbys in der höchsten deutschen Spielklasse ausgetragen. Die Berlin Rebels hatten den Aufstieg geschafft. Das Team, das sich ursprünglich mal aus der zweiten Mannschaft der Adler gegründet hatte, war im Oberhaus angekommen. Wir gewannen beide Begegnungen, zu Hause mit 24-14, auswärts im Mommsenstadion mit 28-0. Vielleicht etwas knapper als von manchem vorher erwartet. Aber wie auch heute noch, sind diese Spiele etwas Besonderes gewesen. Da waren immer sehr viel Emotionen und eine extra Portion Motivation mit dabei.

Im Viertelfinale ging es gegen die Regensburg Royals, mit mir wieder im aktiven Kader. Ich spielte mit der Metallplatte und den Schrauben im Knöchel. Der Knochen war fest und die Platte störte mich nicht. Doc Schleicher sagte mir, ich könne damit spielen oder sie mir rausnehmen lassen. Das hätte aber auf jeden Fall nochmal eine Pause bedeutet, denn der Eingriff zur Entfernung war nicht ganz ohne und die Löcher von den Schrauben, hätten erst wieder zuheilen müssen. Also entschied ich mich dafür, mit Platte zu spielen und die OP erst nach der Saison machen zu lassen. Gegen Regensburg kam ich nur ab und zu zum Einsatz, aber das fand ich gar nicht so schlimm. Ein paar Spielzüge zum aufnehmen des Gamespeeds und der Intensität eines Spiels im Vergleich zum Training waren genau richtig. Die Royals boten uns einen guten Kampf. Am Ende konnten wir aber mit 27-14 den Halbfinaleinzug feiern. Da kam es dann für mich persönlich zu einer kuriosen Begegnung.

Wir hatten Heimrecht und empfingen die Düsseldorf Panther. Ja genau, die Panther, bei denen meine Freundin Cheerleader war. Nur war Heike zu diesem Zeitpunkt nicht mehr in Düsseldorf, sondern wohnte seit kurzem bei mir in Berlin. Wir hatten mehrere Möglichkeiten zur Beendigung der Fernbeziehung durchgesprochen. Ich könnte nach Düsseldorf ziehen, sie nach Berlin, oder wir beide gemeinsam nach Hamburg. Denn auch von da lag mir ein Angebot vor, bei dem neuen Team den Hamburg Blue Devils zu spielen. Es entschied dann aber der Job. Ich konnte Heike eine Stelle bei einem großen Berliner Autohaus besorgen. Sehr hilfreich war dabei, dass unsere ehemalige Vizepräsidentin Andrea Seefeld inzwischen bei Alba Berlin arbeitete und das Autohaus dort als Sponsor engagiert war. So ergab es sich, dass ich ihr als gelernte

Kauffrau im Automobilwesen eher einen Job besorgen konnte, als wir in Düsseldorf eine Stelle in der Medienlandschaft für mich fanden. Denn das war, neben meinem Studium, das ich ja fast überall hätte fortsetzen können, meine Haupteinnahmequelle. Ich jobbte zu dieser Zeit als Sende- und Redaktionsassistent beim Berliner Privatradio „Hundert,6". Ein sehr angenehmer Job, bei dem vor allem der Aufwand in Verhältnis zur Bezahlung sehr gut war. Dadurch ergab es sich also, dass wir gemeinsam zum Halbfinale in die Radrennbahn Schöneberg fuhren, aber mit unterschiedlichen Voraussetzungen: Heike hatte schwarz-rote Klamotten dabei, und ich schwarz-gelbe. Sie stand während des Spiels vor der Gegentribüne und ich lief für das Heimteam auf. Eine seltsame Konstellation.

Und weil das nicht seltsam genug war, verlief das Spiel auch noch kurios. Nach einer abwechslungsreichen Partie und einem richtig harten Kampf stand es nach vier Vierteln unentschieden. Wir wussten erst mal gar nicht, welches Overtime-Szenario in der GFL zum Einsatz kommt. Die Referees erklärten uns, dass es den Kansas City Tiebraker geben wird. Da in Deutschland ja nicht nach NFL-Regeln, sondern dem Regelbuch der NCAA also dem Collegeverband gespielt wird, gibt es keinen Sudden Death. Im Gegensatz zu den Profis, bei denen das Spiel ja quasi mit Kickoff und regulärem Spiel fortgesetzt wird, wird bei der College-Version der Ball auf die gegnerische 35-Yard Line gelegt. Und jedes Team hat mindestens einmal den Ball. Wenn beide die gleiche Anzahl an Punkten mit ihrem Ballbesitz erzielen geht es weiter. Wenn einer weniger oder gar keine macht, ist es vorbei. Und am Ende war es für uns vorbei. Wir verloren mit 31-28 und waren zum ersten mal seit vier Jahren nicht im Endspiel. Meine persönliche Bilanz war sehr durchwachsen. Das war natürlich der ersten schweren Verletzung meiner Kariere geschuldet. Durch den langen Ausfall war ich nicht mal unter den Top 20 der Scorerliste. Eine neue Erfahrung. Aber ich war froh, überhaupt noch in der Saison wieder auf dem Platz zu stehen und nicht alle Spiele von der Tribüne aus anschauen zu müssen.

Das Finale bestritten die Panther dann gegen die Munich Cowboys im Niedersachsenstadion in Hannover. Ein Mäzen lud unsere gesamte Mannschaft ein, hinzufahren. Einerseits ein netter Saisonabschluss, mit einer Art Klassenfahrt, anderseits war es auch ein blödes Gefühl. Wir waren so nah dran, zum vierten Mal hintereinander ins Finale einzuziehen, stattdessen mussten wir von der Tribüne aus zuschauen. Für mich kam noch dazu, dass ich die Fahrt auf Krücken antreten musste. Ich hatte mich direkt nach dem Ausscheiden dazu entschlossen, die Platte aus meinem Sprunggelenk nehmen zu lassen. Dadurch musste ich wieder ein paar Wochen den Fuß entlasten und verpasste damit auch den Nationalmannschaftslehrgang nach dem Finale in Berlin. Aber ich wollte es einfach nicht noch länger herauszögern und den Schrott endlich raushaben. Den German Bowl gewannen die Panther denkbar knapp mit 24-23. Und das am Ende auch nur, weil die Cowboys kurz vor Schluss nicht den Extrapunkt zum Ausgleich schossen, sondern aufs Ganze gingen und die Two-Point Conversion versuchten. Damit hatte der Coach der Bayern, Franz Beyer, seinen Spitznamen bei uns weg: „Conversion Franzl". Reihte sich schön ein zum Vorjahr, wo wir ja den „Zwölfender" Claus Brüggemann hatten. Die anschließende Feier war mal wieder legendär. Einige von uns schafften es nicht mal, eine der beiden Hände ohne volles Bierglas zu haben. Nur schade, dass ich diesmal nicht so richtig mitfeiern konnte. Bier auf Krücken machte sich nicht so gut. Die Rückfahrt im Bus am nächsten Morgen war dann sehr leise und ruhig.

Der beste Trainer, den ich je hatte

Die neue Saison brachte auch neuen Wind in der Chefetage. Es kam ein neuer Headcoach aus den USA. Robert Griffin war sein Name, und seine Empfehlung war seine 17-jährige Tätigkeit als Cheftrainer bei der Uni von Rohde Island. Da kam geballte Football-Erfahrung auf uns zu. Er hatte in den Jahren bei URI mehr Siege errungen als irgendein Coach zuvor in der Schulgeschichte. Seine 79 Siege in dieser Zeit sind unerreicht. Wir konnten es nicht glauben, dass dieser Mann plötzlich in unserer Kabine stand. Wir dachten erst, er wird nur ein paar Wochen bleiben und so eine Art Camp bei uns durchführen. Nein, wir durften mit diesem grandiosen Coach das ganze Jahr zusammen arbeiten.

Und arbeiten war der richtige Ausdruck. Wir bekamen eine völlig neue Dimension des Footballs aufgezeigt. Die Videoanalyse war phänomenal. Die Vorbereitung der Meetings, ja, dass wir überhaupt vor jeder Trainingseinheit Meetings hatten, das gab es bis dahin nicht. Jeder Spieler wurde individuell gecoacht. Und das bei einem Kader von über 60 Mann. Der Einstieg in die Saison war ein Trainingscamp in der Türkei. Das hatten wir so auch noch nicht erlebt. Wir flogen zunächst von Berlin nach Stuttgart und luden dort die erste und zweite Mannschaft der Stuttgart Scorpions in den Flieger. Dann ging es nach Antalya. Das Ganze im Februar, da konnten wir in der Heimat noch nicht wirklich gut draußen trainieren. Als wir ankamen war das Wetter noch ganz nett. Doch dann gab es Regen und sogar Schnee, sodass einige Einheiten mehr an Schlammschlacht als an Football erinnerten. Das Hotel war komplett für uns. Normalerweise hätte es im Winter geschlossen, doch die Aussicht, dass knapp zweihundert Gäste sich für eine Woche einquartieren wollen, überzeugte die Hotelleitung. Der erste Abend stand zur freien Verfügung. Was einige unerschrockenen dazu nutzten, den Außenpool zu testen. Keine gute Idee. Kalt und dreckig, kein Wunder, war ja den ganzen Winter über nicht in Betrieb und hatte nur Regenwasser gesammelt. Dann halt ab in den Innenpool. Der war allerdings recht flach und das Wasser ging uns gerademal bis zum Bauch. Vielleicht lag es an einem Bier zu viel oder dem Übermut des Gruppeneffekts, auf jeden Fall wollte ein Spieler der Scorpions besonders toll sein und beendet das Trainingslager bevor es eigentlich begann. Sein Kopfsprung war etwas zu steil, seine Stirn zu schnell auf dem Poolboden. Ergebnis war eine Platzwunde über die Hälfte der Stirn. Die musste natürlich genäht werden, damit war nicht daran zu denken, einen Helm aufzusetzen. So hatten wir einen Zuschauer mehr während des Trainings.

Das Wetter sorgte dafür, dass es nicht viel mehr Zuschauer wurden: wo sonst Sonnenschein und 15–20 Grad für gute Bedingungen für sportliche Betätigungen sorgen, waren bei unserem Aufenthalt Regen, Schnee und Kälte angesagt. Wir hatten kaum Gelegenheit die Sachen und Ausrüstung trocken zu bekommen. Und der Platz wurde von Tag zu Tag mehr von Grün in Braun umgewandelt, bis am Donnerstag, nach vier Tagen, gar kein Grün mehr zu sehen war. Am Abend sollte da eigentlich ein Fußballspiel stattfinden, was aber abgesagt werden musste, da nur noch ein einziger Acker zu sehen war. Sogar der Bürgermeister kam in unser Hotel und beschwerte sich. Dafür hatten wir dann Freitagnachmittag frei. Die meisten nutzten die Gelegenheit zum Shopping und Sightseeing. Allerdings waren auch ein paar Experten dabei, die am Strand rumtobten. Allerdings nicht zu Fuß, sondern motorisiert. Unbestätigten Gerüchten zufolge sollen dabei einige Gefährte geschrottet worden sein, und der ein oder andere Fahrer auch. Nur gut, dass es alle überlebten.

 Zum Abschluss gab es noch einen Mannschaftsabend. Im Nachbarzimmer wurde eine spontane Party gestartet und jeder, der rein wollte, musste was mitbringen. Die Reserven aus dem Duty-free-Shop, die eigentlich mit nach Hause gebracht werden sollten, wurden auf dem Opfertisch des Partyabends dem Gott des Mannschaftsgeistes dargebracht. Zu Beginn war das noch eine kleine, aber feine Runde. Da aber im Hotel und der näheren Umgebung die Alternativen fehlten, füllte es sich recht schnell. Mit dem Hintergedanken, dass die Busse, die uns am nächsten Morgen um 3 Uhr 30 zum Flughafen bringen sollten, schon fast vor der Tür standen, nahm die Party schnell an Fahrt auf. Es ist echt erstaunlich, wie viele erwachsene Männer in ein normales Doppelzimmer passen. Nur leider war es trotzdem irgendwann zu klein. Der Balkon wurde mit einbezogen und auch die Badewanne. Wir brauchten ja einen Ort, um die Getränke zu kühlen. Die Balkontür bekam dann einen Stresstest. Ein O-Line Spieler von uns mit NFL-Gardemaß lehnte sich gegen die offene Tür. Jetzt kann man meinen, dass eine stabile Bauweise die 2 m und 170 kg eigentlich aushalten müsste. Leider nicht. Da inzwischen gefühlt alle Spieler des Trainingslagers, immerhin rund 100, sich in diesem kleinen Hotelzimmer befanden, war es ja nur eine Frage der Zeit, wann einer auf eine dumme Idee kommt. Es sollte eine Rookie-Taufe geben, bei der die Neulinge im Team einem Ritual unterzogen werden. Diesmal war eine Rasur angesagt, und damit waren nicht die Haare im Gesicht gemeint. Der eine oder andere ließ die Prozedur geduldig über sich ergehen. Es gab aber auch Fälle die wehrten sich. So kam es, dass sich dem Hotelbett insgesamt rund 500 kg Menschenfleisch mit großer Geschwindigkeit näherten. Und wie es nun mal so ist im Leben gibt der Klügere nach. In diesem Fall das gesamte Bett. Neben ein paar modischen Verschönerungen der Tapete, durch ein paar Kronkorkenbilder, wurde auch noch einiges an Kleinmöbeln umgestaltet.

Kurz um, das Zimmer war fertig. Als sich das Schlachtfeld lichtete und die Toten gezählt wurden, machte sich unser Schatzmeister mit dem Scheckbuch in der Hand auf den Weg zur Rezeption. Seine höfliche Nachfrage, was denn die komplette Renovierung eines Zimmers kosten würde, beantwortete der Hotelmanager nach der Besichtigung des Raumes mit: „Lassen sie mal gut sein. Da war endlich mal was los in unserem Haus!". Ich denke mal, dass das vorherige Aufkaufen sämtlicher

Biervorräte im Hotel schon genug Geld in die Kassen gespült hat, und das Zimmer damit inkludiert war. Touristenaufschlag.

Die Spielzeit 1993 konnte aber trotz der eher durchwachsenen Vorbereitung ohne größere Probleme beginnen. Wir fühlten uns extrem gut vorbereitet. Coach Griffin war mehr ein Football-Lehrer als ein normaler Coach. Wir spielten grundsoliden Football. Gar nicht so viel TamTam, sondern eher simpel gehaltene Spielzüge. Die dann aber immer und immer wieder in leichten Varianten angewandt wurden. Die Devise von Griffin war simpel: „Wiederhole den Spielzug so oft er funktioniert. Wenn er gestoppt wird, nimm den nächsten." So kam es schon mal vor, dass wir einen Spielzug, vier- oder fünfmal hintereinander spielten. Vor allem beim Rungame. Da wurde nur mal die Seite gewechselt, also mal über die rechte Seite oder die linke, aber mit dem gleichen Personal und Blockschema. Die Variation kam dann erst, wenn es wirklich nicht mehr ging. Auch bei den Formationen hielten wir es simpel. Gefühlt 75 % der Zeit starteten wir aus der I-Formation. Das bedeutet, zwei Passempfänger, ein Tight End und zwei Runningbacks, die in einer Linie hinter dem Quarterback standen. In bestimmten Situationen musste ich dann erstmalig meine angestammte Position als Wide Receiver tauschen gegen die des Tight Ends. Nämlich dann, wenn wir eine Double-Tight-Formation spielten. Dabei kamen dann zwei Hybridspieler zum Einsatz, die in der Aufstellung direkt neben der Offensive Line stehen. Der Tight End ist eine Mischung aus reinem

Passempfänger und Blocker. Beim Laufspiel wird er zum Teil der Vorblocker, die die Gegner für den Ballträger aus dem Weg schieben sollen. Aber wenn der Ball geworfen wird, kann er ebenfalls auf einer Passroute unterwegs sein und den Ball zugeworfen bekommen. Da wir auf dieser Position recht dünn besetzt waren, musste also jemand einspringen. Von den Receivern war ich der längste und schwerste und trainierte von nun an halt zwei Positionen. Es machte mir Spaß, mal den einen oder anderen Kontakt mehr zu haben. Als Receiver muss man im Normalfall beim Laufspiel zwar auch blocken, aber nicht so oft wie als Tight End. Der Vorteil der Offense ist es ja, dass man weiß, wann der Ball ins Spiel kommt, wann der Spielzug losgeht. Damit hat man einen kleinen Vorteil gegenüber den Verteidigern und kann im optimalen Verlauf den Block sauber ansetzen. Damit war ich erstmals in der Lage, nicht nur einzustecken, sondern auch mal auszuteilen. Zwar konnte ich beim Versuch, mich zu stoppen, den Kopf und die Schultern runternehmen und versuchen über den Gegner rüberzulaufen, doch meistens kommt man dabei selber zu Fall. Deshalb versuchte ich meistens eher an den Verteidigern vorbeizulaufen, sie auszutanzen. Beim Blocken war das keine Option, da ging es immer gegen den Mann. Entweder du schiebst oder du wirst geschoben.

In der Sommerpause zwischen regulärer Saison und Playoffs gab es einen erneuten Ausflug auf das internationale Parkett. Oder besser gesagt, auf den grünen Rasen von Bergamo. Das liegt in Norditalien und war Austragungsort für die EM. Diesmal waren sogar noch ein paar mehr Berliner dabei. Insgesamt waren es neun Spieler aus drei Vereinen. Sechs von den Adlern, zwei von den Bears, damals das dritte große Team in Berlin, und einer von den Rebels. Aber eigentlich waren alle irgendwie Berlin Adler. Alle neun hatten nämlich schon bei uns gespielt und Meisterschaften zusammen gewonnen. Damit war Berlin mit einem großen Block vertreten.

Die Organisation hatte auch etwas dazugelernt. Es gab nicht wieder eine Militärkaserne wie bei der Heim-EM 1989, sondern diesmal wurden wir in einem netten Hotel mit Doppelzimmern untergebracht. Leider nutzte das für das Halbfinale gegen den starken späteren Europameister Finnland nicht viel. Es war zwar ein enges Spiel, unsere Defense ließ nur 10 Punkte zu. Nur leider konnten wir gar keine Punkte aufs Scoreboard bringen. Damit waren wir raus und Finnland konnte sich gegen den Gastgeber Italien mit 17-7 die Krone Europas holen. Soweit das sportliche. Nach der Niederlage im Halbfinale hatten wir einen Tag frei. Was sollte man also im sonnigen Italien dann am besten machen? Richtig: Schwimmen gehen. Der Großteil der Mannschaft fand die Idee klasse, und so zogen wir in kleinen Gruppen in Richtung des örtlichen Freibades. An der Kasse gab es dann etwas Verwirrung. Das Schwimmen war nur mit Badekappe erlaubt. Natürlich hatte keiner von uns eine dabei. So mussten wir jeder eine kaufen; es gab nur ein Modell, eine Stoffkappe in weiß-blau-weiß, den Farben unseres Halbfinalgegners Finnland. Nun ja, blieb uns ja nichts anderes übrig, als sie zu nehmen. Es gab zwei Rutschen im Bad: eine geschlängelte, die aber ziemlich langweilig war, und eine kurze bei der es einfach nur ein paar Meter gerade und steil bergab ging. Diese fand die Aufmerksamkeit einiger Mitspieler. So wurde versucht, im Stehen die kurze Strecke runterzurutschen oder Ketten zu bilden, um von oben bis unten durchgehend auf der Rutsche zu liegen. Immer wieder wurden Fremde, die sich aus Versehen dazwischen mogelten, unsanft nach unten ins Wasser geschickt. Es bildete sich eine große Traube von Schaulustigen um die Rutsche; die deutsche Football-Nationalmannschaft war ein Publikumsmagnet, jedenfalls an diesem Tag in dem kleinem Dorfschwimmbad. Zum Abschluss wurde noch der Bademeister, der am oberen Ende der Rutsche seine Wache schob und die ganze Zeit nichts zu dem bunten Treiben gesagt hatte, auch noch Baden geschickt. Seine Autorität war schon eine halbe Stunde früher die Rutsche runtergeflutscht.

Der Abend brachte dann noch mal einen lustigen Mannschaftsausflug. Fast das halbe Team fand sich in einer Karaokebar wieder. Das war nicht schwer, denn es war so ziemlich der einzige Laden der in dem Dorf geöffnet hatte. Nach ein paar kühlen Getränken kam jemand auf die Idee, dass jede Mannschaft einen Song zusammen singen sollte. Den Crocos fiel das recht leicht, sie hatten „Crocodile Rock" von Elton John ausgewählt. Wie passend für Köln. Ich weiß leider nicht mehr, was wir Berliner ausgesucht hatten, aber es gab noch einen Dortmunder, der war diesmal ganz alleine dabei. Wie schon 1989 war es der Quarterback Christian Hauck, mit dem ich mich inzwischen sehr gut verstanden hatte. Wir hatten schon mal versucht, Christian nach Berlin zu lotsen, um für die Adler zu spielen, aber das hatte leider nicht geklappt. Hauck sprach mich an, da er auch singen wollte, und er war ja allein. Ich dachte ich sollte ihn gesangstechnisch unterstützen und sagte, dass ich ihm helfen werde. Ich hatte aber seine Frage nicht richtig verstanden. Ich sollte nicht singen. Er wollte „Surfin' USA" singen und ich sollte das Surfboard für ihn sein. Was tut man nicht alles für einen Freund. Ich legte mich mit ausgestreckten Armen, flach auf den Boden. Christan sprang mit den ersten Akkorden auf meinen Rücken und fing an zu singen. Das alleine wäre schon schmerzhaft genug gewesen, jedoch hatte der gute ein paar alte Football-Schuhe an. Die guten Nike Boss Shark, das Urgestein unter den Football-Cleats. Damit hüpfte und sprang er die ganzen zweieinhalb Minuten des Songs auf mir rum.

Mein Rücken sah danach aus wie nach einer gemischten Behandlung mit Blutegel und Schröpf-Saugglocken. Zum Glück war es ein kurzes Lied, sonst hätte ich es nicht überstanden. Eine weitere schöne Begegnung hatte ich an diesem Abend mit einem meiner direkten Gegenspieler aus der GFL. Der Kölner Defensive Back Markus Kraus saß mir am Tisch gegenüber und übersah freundlicherweise, dass ich ihn konsequent den ganzen Abend über Micha nannte. Mit Micha, aka Markus hatte ich mir schon einige heiße Duelle auf dem Feld geliefert, genauso wie mein Teamkollege Stoney Stahnke. Bei einem Match in Köln Anfang der 90er Jahre mussten unsere Coaches unsere Angriffsformation sogar einmal umstellen, weil Stoney und Markus kurz davor waren, sich gegenseitig vom Platz zu schießen. Erst als wir in diesem Sommer mal Gelegenheit hatten, abseits des Feldes miteinander zu quatschen und Spaß zusammen zu haben, entwickelte sich ein gutes Verhältnis. Was später sogar dazu führte, dass Micha, ach nee, Entschuldigung, Markus für die Adler spielte, als die Liebe ihn nach Berlin zog. Das waren am Ende der EM die schönsten Erlebnisse und es ging zurück in den Alltag der GFL.

Wie auch in den Jahren zuvor spielten wir in der gesamten Saison wieder oben mit. Beide Lokalderbys gegen die Rebels wurden gewonnen. Damit das erste Saisonziel erfüllt. Es gab nur eine Niederlage, das Heimspiel gegen die Cologne Crocodiles ging mit 8-33 in die Binsen. Keine so neue Erfahrung. Das gab es ja schon einmal nach einem American-Bowl-Spiel, wie auch in diesem Jahr. Aber eine Sache war dann für mich neu, und ich denke, für viele Mitspieler ebenfalls. Beim Auswärtsspiel bei den Düsseldorf Panther kam es wieder zu einem Unentschieden. Diesmal stand es nach 48 effektiven Spielminuten 21-21. Das hatten wir ja schon so ähnlich beim Halbfinale des Vorjahrs. Nur das diesmal keine Verlängerung gespielt wurde. Es war einfach Schluss und die Punkte wurden geteilt.

Nach dem Spiel hatte ich dann noch eine lustige Begegnung mit meinen zukünftigen Schwiegereltern. Da ja meine Freundin Heike aus Düsseldorf stammte und ihre Eltern dort wohnten, war es klar, dass sie auch zum Spiel kamen. Womit ich allerdings nicht gerechnet hatte, war, dass sie bereits kurz nach dem Abpfiff zur Kabine kamen. Ich stand gerade unter der Dusche und wurde gerufen. Da wäre jemand der mich sprechen wollte. Ich dachte, es ist ein Coach, Mitspieler oder Betreuer und ging so wie ich war raus. Dabei wusch ich mir gerade die Haare und lief nackig durch die Kabine. Die Leute aus meiner Mannschaft und dem direkten Umfeld wussten ja, wie ich im Adamskostüm aussah. Schließlich duschten wir mindestens dreimal in der Woche nach Spiel oder Training in derselben Kabine. Nun war es aber keiner vom Team, sondern die Eltern meiner Freundin, die da am Eingang der Kabine standen. So oft hatten wir uns aufgrund der Entfernung nun auch noch nicht gesehen, und in solch einer Situation nun schon gar nicht. Ich war erst etwas perplex, musste dann aber lauthals lachen. Nach kurzer Schockstarre ging es ihnen aber ebenso und die Situation entspannte sich. Bei dem gemeinsamen Altbier im Anschluss mussten wir alle noch schmunzeln.

Durch dieses Unentschieden verpassten wir erstmalig seit 1985 den ersten Platz unserer Vorrundengruppe. Zu diesem Zeitpunkt war es uns noch nicht so bewusst, was für Auswirkung das haben sollte. Das Viertelfinale konnten wir trotzdem zu Hause bestreiten und schossen die Rothenburg Knights mit 58-28 ab. Ein typisches erstes Playoff-Spiel, bei dem die Offense schnell die Zügel übernahm und die Defense nicht viel anbrennen ließ. Erst zum Ende hin ließen wir es etwas schleifen, aber da war das Spiel schon lange entschieden. Durch den zweiten Platz nach der Vorrunde und dem Sieg der Crocodiles als Tabellenprimus in ihrem Viertelfinale gegen die Noris Rams mussten wir erstmalig seit acht Jahren in den Playoffs zu einem Auswärtsspiel reisen. Eine Erfahrung die so gut wie keiner aus unserem Kader kannte. Es ging nach München zu den Cowboys, die in der Südgruppe der GFL den Platz an der Sonne erobert hatten. Vielleicht lag es an der Reise, vielleicht an der Einstellung oder einfach daran, dass der Gegner an diesem Tag einfach besser war. Es war ein enges Spiel und beide schenkten sich nichts. Am Ende stand es 19-17 für München. Die Cowboys feierten den zweiten Einzug ins Finale hintereinander, und wir mussten den langen Heimweg nach Hause antreten. Nach dem Spiel zeigten sich die Männer aus der bayerischen Landeshauptstadt als großzügige Gewinner. Da unser Flieger nach Berlin etwas später ging, spendierten die Cowboys uns ein Fass Bier, um die Wartezeit zu überbrücken. Ich muss ganz ehrlich sagen, ein Verlierer-Bier schmeckt schal, auch wenn es frisch gezapft wurde. Nach der Ankunft in Berlin ging ein großer Teil der Mannschaft noch gemeinsam auf eine Party am Alexanderplatz. Das war eine Einladung unseres Radio-Medienpartner. So richtig zum Feiern war eigentlich keinem zumute. Aber der schlechte Geschmack der Niederlage musste irgendwie runtergespült werden. Wir haben es wirklich versucht, gelungen ist es nicht.

Zurück an die Spitze und in die Defense

Das Spieljahr 1994 begann wieder mit einem Trainingslager, diesmal allerdings ohne eine Gastmannschaft und viel näher an zu Hause, aber trotzdem weit weg. Im heutigen Olympiastützpunkt Kienbaum in Brandenburg. Coach Griffin konnte sich sicher sein, dass wir nichts anderes außer Football, Hanteln und Essen vorfanden. Wobei das Essen wirklich nicht schlecht war. Der einzige Nachteil war, dass unsere Unterkunft und Trainingsplätze am letzten Ende des gesamten Komplex waren. Damit hatten wir jeden Tag drei Extra-Laufeinheiten. Wobei der Hinweg meistens viel schneller zurückgelegt wurde als der Rückweg. Der Hunger trieb uns voran. Auf dem Rückweg, mit vollem Bauch, ließen wir es langsamer angehen. Es gab sogar einige, die zu faul zum Laufen waren und das Auto für die Strecke nahmen. Das könnte aber auch an der Ankündigung gelegen haben, dass es diesmal ein offizielles Wiegen geben würde. Das löste ganz unterschiedliche Reaktionen aus. Mancher nutze jede Gelegenheit, um nicht zu schwer zu werden, legte sogar noch ein bisschen Kardio-Workout auf dem Fahrrad nach, damit er nicht die nächsten Wochen nach jedem Training Gasser laufen muss. Dabei muss man über das Football-Feld quer hin und zurück sprinten. Und nicht nur einmal, sondern je nach Schwere des Vergehens mehrfach. Andere konnten es sich leisten, noch ein paar extra Kilos zu bekommen. Bei mir zum Beispiel stand Masse machen auf dem Programm. Ich sollte in der neuen Spielzeit noch mehr als Tight End eingesetzt werden. Und dafür waren die 95 kg, die ich als Wide Receiver im Vorjahr auf die Waage brachte, nicht wirklich genug. Also trainierte ich im Winter mehr auf

Muskelmasse und etwas weniger auf die Sprintfähigkeit. Auch der Oberkörper bekam mehr Trainingszeit und so konnte ich zu Beginn des Camps schon stattliche 103 kg vorweisen. Das war gar nicht so einfach, dabei die Schnellkraft zu erhalten. Mehr Masse wollte ich dann nicht noch draufpacken, sonst wäre ich zu langsam geworden, um meiner Hauptaufgabe als Receiver nachzukommen. Kurz bevor ich dran war, trank ich einen Liter Apfelsaft auf Ex, um dann beim Wiegen doch noch ein wenig mehr auf den Statistikbogen zu bekommen. Und so hatte ich als offizielle Maße 190 cm und 104 kg zu stehen. Das war zwar eigentlich völlig egal, aber in der amerikanischen Maßeinheit waren das 230 Pfund. Das las sich besser als 227.

Die eigentliche Neuerung für die kommende Saison, war aber die Verpflichtung von unserem amerikanischen Runningback Craig Sebastian. Coach Griffin kannte ihn schon aus der Zeit, als Craig noch in New Heaven und später an der Southern Connecticut State University war. Schon damals beeindruckte er ihn mit seinem physischen Spiel und seiner Fähigkeit, das Spiel zu lesen. Craig war eigentlich zwei Spieler in einem. Und dabei meine ich nicht seine Fähigkeit, mit dem Ball zu laufen oder ihn wie ein Receiver zu fangen. Viel mehr war er Ballträger und Vorblocker in einem. Unser Trainer nannte das „BYOB", bring your own blocker. Und damit hatte er recht.

Craig Sebastian war der erste Runningback in der Adler-Geschichte, der nicht über den Weg als stationierter US-Soldat ins Team der Adler kam. Craig sah zwar nicht gerade schmächtig aus, aber er wirkte nicht übermäßig groß. Ganz normal für einen RB. Aber seine Kraft und Wucht, mit der er auf seine Gegner traf, war beeindruckend. Mehr als einmal rannte er größere und schwerere Verteidiger einfach über den Haufen. Die Kombination aus Schnelligkeit, Kraft und im richtigen Moment den Körperschwerpunkt zu senken war sein Weg zum Erfolg in die Endzone. Denn eine alte Weisheit im Football lautet: „The lowest man wins." Das bedeutet derjenige, der bei gleicher Geschwindigkeit und ähnlicher Masse, von unten nach oben arbeitet, hat einen Vorteil gegenüber dem oberen Spieler. Die größte Kraft kommt aus den Oberschenkeln, und genau da war Craigs Stärke. Nach seiner Uni-Zeit hat er leider keine Möglichkeit bekommen, in der NFL zu spielen, da er an den kleinen Universitäten spielte und keine Scouts auf sich aufmerksam machen konnte. Als Coach Griffin ihn kontaktierte, um zu fragen, ob er in Berlin spielen möchte, arbeitete er gerade als Gefängnisaufseher. Eine klare Qualifikation für unser Team! Außerhalb des Spielfeldes war er ein Lamm. Er wohnte bei der Familie eines Spielers. Die Eltern von Patrick Winkler waren schon seit langer Zeit auch im Verein aktiv: als Betreuer des Jugendteams und dann sein Vater Volker später auch als Kameramann, der unsere Spiele aufnahm.

Wenn Craig das Spielfeld betrat, kannte er keine Freunde. Zu Beginn der Saison rannte er mehrfach unsere eigenen Offensive Line Spieler in den Rücken. Er war einfach zu schnell und hatte noch einen anderen Game Speed. Das mussten sowohl er, die Line und unser Coach erst mal anpassen. Dann wurde er aber zur absoluten Waffe. Ganze 19 Touchdowns erlief er in der Saison. Das hatte lange keiner mehr vor ihm in schwarz-gelb geschafft. Die Dominanz des Laufspiels hatte uns verändert. Wir waren nun nicht mehr so leicht auszurechnen, Clifford hatte immer noch einen tollen Wurfarm, aber seine Mobilität war nicht mehr so stark wie in seinen ersten Jahren in Deutschland. Durch diese neuen Varianten fanden wir zur alten Stärke zurück. Auch meine eigene Leistung knüpfte an die Zeit vor meiner Verletzung wieder an. 10 Touchdowns brachte ich in die Endzone und das vorwiegend auf der neuen Position. Ich war sehr zufrieden mit der Vorrunde, und das konnte das ganze Team auch sein. Wir hatten uns den ersten Platz in der Nordgruppe zurückgeholt. Heimrecht in den Playoffs, ganz wichtig für uns. Zwar hatten wir zwei Spiele verloren, ebenso wie die Düsseldorf Panther, aber der gewonnene direkte Vergleich sorgte für den kleinen Vorteil in der Endabrechnung.

Ein Spiel blieb mir in der Saison 94 besonders im Gedächtnis. Das Auswärtsspiel bei den Hamburg Silver Eagles. Im Stadion Hoheluft standen uns über 5.000 Fans gegenüber. Eine Kulisse, die wir bis dahin noch nie in einem Auswärtsspiel der regulären Saison erlebt hatten. Das war ein Rummel mit Spielfeld in der Mitte. Aber genau solche Spiele mochte ich. Hamburg hatte noch nicht viel gerissen in dem Jahr, hatte aber durch gute Marketingarbeit und cleveres Management ein gutes Umfeld aufgebaut. Nur das Spielerische passte zu der Zeit nicht zu den Ansprüchen und vor allem auch nicht zu den Sprüchen die auf und neben dem Feld abgegeben wurden. Genau das war meine Motivation für den Tag. Fresse halten und ihnen die Bälle um die Ohren fliegen lassen. Madison hatte genug gefrühstückt um weite

Bälle rauszuballern, und ich fischte sie mit großer Freude aus der Luft. Am Ende gewannen wir deutlich zu Null und ich hatte 8 Pässe für 248 Yards und 2 Touchdowns gefangen. Dabei hätte es noch einer mehr sein können, aber ein Pass kurz vor der Halbzeit über mehr als 50 Yards wurde als nicht komplett gegeben, weil nach Meinung der Schiedsrichter, der Ball von mir erst nach der hinteren Goalline gefangen wurde. Dabei knallte ich in eine direkt am Ende aufgehangene Werbebande und zerstörte sie komplett. Das störte mich dabei überhaupt nicht, nur das die Bande über einem Metallgestänge hing, wie es in so alten Fußballstadien durchaus üblich ist, war nicht so angenehm. Ich prallte aus vollem Sprint dagegen, weil ich das Gestänge vorher nicht gesehen hatte. Kurz unterhalb des Shoulder Pad rammte mir die Metallstange gegen die Rippen. Zum Glück ist dabei nichts kaputtgegangen außer des Werbebanners aus Styropor. Was mich am meisten geärgert hatte, war der Fakt, dass da, als ich nach der Halbzeit wieder aus der Kabine kam, schon eine neue Bande mit dem gleichen Aufdruck hing. Da hatte sich der Einsatz leider nicht gelohnt. Aber das Spiel hatte sich mehr als gelohnt. Vor allem weil es auch im deutschen Sportkanal zu sehen war. Der Sender brachte eine einstündige Zusammenfassung und so konnte ich mir die Demontage der Defensive Backs noch einmal ganz genüsslich im Nachhinein anschauen.

Erstmalig wurden auch *Interconference*-Spiele in der regulären Saison gespielt. Es gab einen Schlüssel, wer aus der Nordgruppe gegen wen aus der Südgruppe antreten musste und dabei gab es ein Heim- und ein Auswärtsspiel. Wir mussten zu Hause mal wieder gegen die Cowboys aus München antreten und verloren mit 31-35. Ein Spiel, das wir viel zu leicht genommen hatten. Der Gegner war hochmotiviert und besser vorbereitet als wir und hat die Punkte verdient mit nach Bayern genommen. Das Spiel in Regensburg bei den Royals lief da schon besser. Immerhin gewannen wir mit 38-28 in Regensburg. Und damit durften wir in den Playoffs zu Hause spielen, was uns deutlich besser lag. Wie es der Zufall wollte brachte uns die Tabellensituation im Süden erneut die Royals als Gegner im Viertelfinale. Diesmal war es sogar noch einen Ticken besser für uns. Wir wussten jetzt ja, was auf uns zukommt, und mit dem Trainerfuchs Griffin und der lebenden Dampfwalze Craig Sebastian brachten wir den Sieg locker mit 42-22 nach Hause.

Im Halbfinale empfingen wir unseren alten Bekannten, die Cologne Crocodiles. Die andere Mannschaft, die uns in der regulären Saison bezwingen konnte. Das war das einzige Match, in dem wir in dieser Saison nur einen Touchdown erzielen konnten. 7-28 stand auf der Anzeigentafel im Kölner Stadion. Diese Schmach sollte wiedergutgemacht werden, Michael Davis war immer noch der Quarterback der Crocos und der Dreh- und Angelpunkt in der Offense. Die Partie war extrem eng und spannend. Als es kurz vor Schluss 17-14 für uns stand, wechselte mich Coach Griffin als Outside Linebacker ein. Eine Position in der Defense, die ich nur ein- oder zweimal vorher trainiert hatte. Ich sollte versuchen, gegen die Runningbacks die Passverteidigung zu stärken. Und wenn sich kein Gegenspieler auf meiner Seite aufstellte, hatte ich als *Automatic Call* einen *Blitz*. Das hieß, ich sollte mich beim Snap direkt auf den Weg zum Quarterback machen. Das brachte mir den ersten Quarterback Sack in meiner Karriere ein. Die Kölner reagierten auf die Umstellungen in unserer Defense und stellten Michael Davis, der ja eigentlich ihr Quarterback war, als Receiver auf. Er bekam den Ball dann auch prompt zugeworfen, fing ihn und wollte gerade in Richtung Endzone durchstarten, da konnte ich ihn gerade noch so von hinten erwischen und tackeln. Dadurch hatten die Kölner zwar einen First Down, aber es waren nur noch ein paar Sekunden zu spielen. Entweder ein Pass in die Endzone zum Touchdown und Sieg oder ein Field Goal zum Ausgleich, das war die Frage. Nur überlegten die Coaches leider so lange hin und her, dass weder das eine noch das andere zustande kam. Die Zeit lief einfach runter und wir waren endlich wieder im Finale.

Der German Bowl fand in Hanau statt. Was mir ganz entgegen kam, denn ich hatte im Mai des Jahres meine Freundin Heike geheiratet. Zwar konnten wir eine schöne Party mit Polterabend und standesamtlicher sowie kirchlicher Trauung feiern, aber für die Hochzeitsreise war keine Zeit geblieben. Wir haben unseren Flug optimistischerweise zwei Tage nach dem German Bowl gelegt. Und da wir von Berlin den Zug zum Flug nach Frankfurt inklusive hatten, konnten wir den dann ganz getrost ausfallen lassen. Der Endspielgegner hieß Düsseldorf Panther. Ja genau die, für die Heike jahrelang als Cheerleader aktiv war, und die uns letztes Jahr im Halbfinale nach Verlängerung rausgehauen hatten. Das Selbstvertrauen und die Motivation waren riesig: Schließlich hatten wir beide Matches in dieser

Saison gewonnen. Dabei sogar beide recht deutlich. Zu Hause mit 38-14 und auswärts mit 49-24. Wir hatten den besten Coach der Liga und mit Craig auch den Topscorer der gesamten GFL mit seinen 19 Touchdowns und 114 Punkten. Was sollte uns schon passieren? Wir überrennen sie einfach. Nun, wir hatten das alles, und genau das wussten die Panther auch. Es gibt eine Redewendung im Football, dass es nicht schwer ist, zweimal in einer Saison gegen ein Team zu gewinnen, aber fast unmöglich, es dreimal in einem Jahr zu tun. Die Panther hatten alles darauf gesetzt, das Laufspiel zu stoppen und selber mit langen Drives und vielen kraftvollen Läufen den Ball zu kontrollieren.

Wie gut sie uns gescoutet hatten, erfuhr ich am eigenen Leib bzw. an den Füßen. Ich spielte in diesem Jahr mit weißen Football-Schuhen mit roten Streifen. Die waren recht auffällig. Es war verboten, mit Schraubstollen zu spielen, warum auch immer. So richtig hat mir keiner erklären können warum, aber es war nun mal so. Ich hatte mir von meinem letzten USA-Urlaub dieses Paar Schuhe mitgebracht und konnte das ganze Jahr über alle Referees überzeugen, dass es keine Schraubstollen-Schuhe waren. Nun ja, jetzt kann ich es ja sagen, es waren aber welche, und ich habe damit schon einen etwas besseren Halt gehabt als mit Noppenschuhen. Den Panther-Spielern muss das irgendwie aufgefallen sein, jedenfalls sorgten sie dafür, dass die Schiedsrichter meine Schuhe in der ersten Halbzeit ganz genau überprüften und ich sie dann tauschen musste. Nur gut, dass ich das Ersatzpaar immer mit an die Seitenlinie genommen habe. Man weiß ja nie. Aber nicht nur meine Schuhe hatten die Düsseldorfer ausgeguckt, sondern auch unsere Spielzüge. Wir schafften es nicht wirklich, das Laufspiel wie gewohnt ins Rollen zu bringen. Immer wieder versuchten wir es und nur selten mit Erfolg. Ab und an gab es dann noch die Pässe von Cliff Madison, aber nach meinem Geschmack viel zu wenig. Die Panther kontrollierten die Begegnung über weite Strecken und gingen immer wieder in Führung. Da half es auch nur kurzfristig, dass ich meinen obligatorischen Touchdown fing. Damit hatte ich in jedem Endspiel, in dem ich spielte, immer einen TD erzielt. Aber leider war das nicht genug. Gerade als wir uns anschickten, das Spiel noch einmal richtig spannend zu machen und vielleicht doch noch eine Siegchance zu erarbeiten, zeigte sich die Cleverness unseres Gegners.

Unsere Verteidigung stoppte die Panther in der eigenen Hälfte und zwang sie zum Punt. Es stand 17-20 aus unserer Sicht. Da konnte noch was gehen. Der Ball kam zu dem Punter Andreas Motzkus. (Ja genau der Andreas, der nicht mit mir verwandt oder verschwägert ist, aber dem ich schon mal über den Weg gelaufen bin.) Er schoss den Ball in unsere Hälfte und legte einen elfenhaften einbeinigen Tanz hin, so lange bis unser Spieler, der von außen versuchte den Punt zu blocken, bei ihm war und die beiden sich berührten. Aus meiner Sicht muss ich meinem Mitspieler Volker Busch da mal von aller Schuld freisprechen. Aus allen Perspektiven, die wir Berliner hatten, sah es so aus, dass Volker nur an Andreas vorbeilaufen wollte und dieser dann halb in ihn hineinhüpfte. Ich glaube ja heute noch, dass alle 7.862 Zuschauer im Stadion das genauso gesehen haben. Die Schiedsrichter entschieden leider auf Roughing the Kicker, also ein Foul gegen uns. So ist das nun mal im Sport und da half natürlich auch kein Jammern und Zetern.

Ich habe noch nie einen Schiedsrichter erlebt, der seine Entscheidung zurückgenommen hat, weil sich ein Spieler beschwert hat. Und trotzdem machten es alle. Ich habe es in diesem Moment auch getan. Nutzte nur nichts. Die Panther behielten den Ball und nutzen das Momentum, um über den ganzen Platz zu laufen und den entscheidenden Schlusspunkt zum 27-17 zu setzen. Nach dem Spiel nahm Coach Griffin die Schuld für die Niederlage auf sich. Es wäre ein Fehler gewesen, zu lange am Laufspiel festzuhalten. Auch das macht einen guten Trainer aus, nicht zu lamentieren, sondern nüchtern zu analysieren. Ich habe sportlich und auch menschlich sehr viel von Robert Griffin gelernt.

Der Anfang vom Ende

Die Spielzeit 1995 sollte für mich eine ganz kurze werden: wir hatten leider zwei nennenswerte Abgänge zu beklagen. Zum einen bekam Coach Griffin ein Angebot von Syracuse, einer Top-Adresse im amerikanischen College Football. Ein Angebot, das mit einem Engagement in Deutschland nicht vergleichbar ist. Es war selbstverständlich, dass der Verein ihm keine Steine in den Weg warf, und er die Position des Wide Receiver Coach annahm. Außerdem verließ uns leider auch Craig Sebastian nach nur einer Saison wieder in Richtung Heimat. Den meisten Gegenspielern wird es bestimmt recht gewesen sein, dass sie nun nicht mehr gegen einen heranfahrenden D-Zug anrennen mussten. Auch da war die berufliche Entwicklungsmöglichkeit wesentlich größer als hier noch ein zwei Jahre zu spielen und dann zu Hause nur noch einen Job als Burgerflipper zu finden. Er war dann wieder als Aufseher im Gefängnis tätig; für sein Gastspiel in Berlin hatte er sich lediglich beurlauben lassen.

Soweit ich es verfolgen konnte ist Craig inzwischen als Security Chef für den NBC Moderator Jerry Springer tätig. Ein Job, der ihn bestimmt an seine alte Zeit als Gefängnisaufseher erinnert. Der neue Coach war John Rosenberg. Im Gegensatz zu Griffin war Rosenberg, zuvor Headcoach des Football-Teams der Brown University, eher ein Defensivkünstler, der es verstand, Beton anzumischen. Aber auch in der Offense konnte er einige überraschende Spielzüge beisteuern. So setzte er beim Interconference-Spiel gegen die Munich Cowboys auf eine *unbalanced Line*. Das bedeutet, auf der linken Seite der Angriffslinie stand neben dem Center nur noch ein regulärer Linespieler. Eigentlich sind jeweils links und rechts zwei große starke Jungs neben dem Center in der Mitte. Bei dieser Aufstellung war halt links nur einer und dann kam ich als Tight End. Dafür war auf der rechten Seite ein Blocker mehr. Das verwirrte den Gegner aber leider nur kurzfristig. Am Ende verloren wir das Spiel mit 16-14. Im Mai spielten wir in Köln gegen die Crocodiles. Bei dem Spiel waren auch unsere Cheerleader mit dabei, was sonst nicht immer der Fall war. Heike hatte inzwischen die Seiten komplett gewechselt und war bei den „BAC Gems", unseren Cheerleadern, aktiv. Beim Aufwärmen vor dem Spiel verletzte sie sich am Sprunggelenk, als sie beim herunterspringen von einer Pyramide auf dem Fuß einer Partnerin landete und umknickte. Diagnose: Bänderriss im Knöchel.

In der ersten Halbzeit erwischte es dann mich. Cliff warf einen schönen Corner-Pass, bei dem ich nach 10 Metern geradeaus im 45-Grad-Winkel auf die Außenlinie zulief. Der Pass kam perfekt kurz vor der Out of Bounds Line. Ich drehte mich Richtung Endzone und sah von der Seite einen letzten Passverteidiger auf mich zu rennen. Nur er trennte mich noch vom Touchdown. Anstatt nun den Kopf zwischen die Schultern zu klemmen und durch ihn durch zu laufen, wollte ich ihn schön ins Leere rennen lassen und scoren. Nur leider wollte mein Oberkörper nicht das Gleiche was meine Beine vorhatten. Der Rumpf bewegte sich schon nach links Richtung Endzone. Der Defensive Back flog auch an mir vorbei, nur leider liefen die Beine weiter Richtung Seitenlinie. So blöd sich das anhört, so schmerzhaft war es auch. Bei dem Versuch die Richtung zu ändern, schlug mein rechtes Knie nach hinten durch. Damit konnte ich nicht mehr nach links, sondern fiel mit dem Ball in der Hand an der 1-Yard Line einfach ins Seitenaus. Ich spürte, dass da was nicht in Ordnung war. Wobei es erst mal nicht so schlimm schien wie ich befürchtete. Unser Teamarzt war zum Glück mit dabei und untersuchte sofort das Knie. Der sogenannte Schubladentest, bei dem man manuell überprüft, ob die Stabilität im Knie durch die Bänder gegeben ist, zeigte keinen Befund. In der Halbzeit ließ ich mir ein Tape anlegen, damit ich weiterspielen konnte. Die Lauftests an der Seitenlinie waren auch soweit o.k. Ein bisschen Schmerzen, aber das geht schon, ließ ich die Coaches wissen. Da kam Cliff Madison zu mir und sagte, ich solle meine Pads ausziehen, ich sei verletzt. Als ich entgegnete, dass es nicht so schlimm sei und ich laufen könne, kam das Totschlagargument: „Ich werfe keinen Pass mehr auf dich heute. Du bist verletzt und ich möchte nicht, dass dir noch mehr passiert". Punkt! Das saß. Und er hatte ja auch recht. Ich überlegte noch einen Moment, aber dann ging ich in die Kabine und ging duschen.

Wenigstens haben wir das Spiel noch mit 21-20 gewonnen. Nach dem Spiel humpelten Heike und ich beide an Krücken aus dem Stadion. Der Rückflug war schon nicht mehr spaßig, weil das Knie immer dicker wurde. Ich wartete am Flughafen noch auf Heike, die etwas später zurückkam und dann fuhren wir nach Hause. Nur gut, dass ich einen Automatikwagen hatte. Auch wenn das Gas geben und Bremsen mit dem linken Bein nicht ganz einfach war. Am nächsten Tag ging es gemeinsam zum Arzt. Diesmal fuhr uns aber meine Mutter. Die Diagnose bei Heike ging schnell. Bänderriss im Sprunggelenk, aber keine OP nötig. Bei mir ging es nicht ganz so schnell. Erst musste noch ein MRT her. Nur gut, dass wir einen gewissen Team-Bonus hatten und durch die Ärzte um uns herum wirklich gut versorgt waren. So konnte ich am nächsten Tag schon einen Termin bekommen. Bis dahin hatte ich noch gehofft, dass es nicht so schlimm sei, vielleicht was am Meniskus oder eine Bänderdehnung. Zwei bis sechs Wochen und ich bin wieder auf dem Platz. Die Diagnose nach dem MRT bestätigte aber dann leider die schlimmen Vermutungen: ein Riss des hinteren Kreuzbandes.

Die Zeit war echt hart. Nicht nur die körperliche Belastung. Wir wohnten in einer Wohnung im vierten Stock ohne Fahrstuhl. Beide liefen an Krücken. Die Einkäufe vom Auto in den vierten Stock zu bringen war schon nicht leicht. Vor allem die Getränke. Aber auch das Essen erforderte Geduld und Geschick. Versuch mal, ein Tablett zu tragen, wenn du zwei Krücken in der Hand hast. „Bring mir doch bitte was zu trinken mit!", wurde da zu einer echten Herausforderung.

Aber auch das Zuschauen bei den Spielen zerrte an den Nerven. Wenn du nicht eingreifen kannst und genau siehst, was falsch läuft. Da könnte ich wahnsinnig werden. Nur gut, dass ich meine eigenen Fehler auf dem Feld immer erst nach dem Spiel in der Videoanalyse gesehen habe. Da ist man sachlicher und nicht so emotional, wie in dem Augenblick, wenn es auf dem Spielfeld passiert. Da außer dem hinteren Kreuzband nichts weiter beschädigt war, entschieden wir uns dafür, erst mal nicht zu operieren. Das besprach ich mit meinem Doc und den Physiotherapeuten. Da das Knie keine Zeichen von Instabilität zeigte, mussten wir nur den Bluterguss und das gereizte Gewebe darum behandeln. Es sollte konservativ ohne OP wieder die Beweglichkeit und Kraft aufgebaut werden. Das klappte auch so weit, dass ich nach ca. sechs Wochen wieder trainieren konnte und Anfang August gegen die Hamburg Blue Devils wieder auflaufen konnte. Ich spielte ohne Kreuzband aber mit großer Motivation.

Die Blue Devils sind 1995 als Quereinsteiger in die GFL gekommen. Sie spielten vorher in der FLE der „Football League of Europe". Dabei hatten sie so viele Zuschauer und auch Marketingerfolge, dass sie dann quasi den Platz der Hamburg Silver Eagles einnahmen. Das Stadion war gut gefüllt. Das waren für mich immer die schönsten Spiele. Wenn wir auswärts antraten und die Fans uns auspfiffen und beschimpften, dann zeigte ich ihnen am liebsten meine beste Leistung. Zu Hause war das auch schön, da konnte man sich so richtig feiern lassen. Aber die gegnerischen Anhänger zum Fluchen zu bringen, das hat richtig Spaß gemacht.

Ich konnte endlich wieder mitmischen und wollte natürlich so oft wie möglich den Ball. Vielleicht war das etwas zu viel. Bei einem Pass von Cliff musste ich etwas springen, um ihn zu erreichen. Ich fing ihn zwar, landete dann aber mit dem ausgestreckten Bein wieder auf dem

Boden und konnte die Landung nicht abfangen. Dabei knirschte es im Knie. In jenem Knie, das sowieso schon angeschlagen und ohne hinteres Kreuzband war. Ich schaffte es noch den Ball festzuhalten und hatte wenigstens ein paar Yards Raumgewinn erzielt. Aber das war es. Es war mir diesmal gleich klar, dass es nicht weitergeht. Das Spiel gewannen wir trotzdem, mit 21-17, aber ich hatte dazu nichts mehr beizutragen. Die Untersuchung am nächsten Tag ergab, dass beide Menisken eingerissen waren. Diesmal kam ich nicht um die OP herum. Das war das Ende meiner Saison 1995.

Immerhin konnten wir den zweiten Platz in der Nordgruppe erreichen. Aber vier Niederlagen in einer Saison hatte ich seit 1989 noch nicht erlebt. Und trotzdem hatten wir im Viertelfinale Heimrecht gegen die Munich Cowboys. Wie schon im Interconference Game zu Beginn des Jahres, war auch diese Partie eine Defense-Schlacht. Am Ende gewannen wir mit 10-7 und zogen zum zwölften Mal hintereinander in ein Halbfinale um den German Bowl ein. Da war aber dann Schluss. Gegen die Hamburg Blue Devils verloren wir im Hamburger Volksparkstadion mit 14-9. Die Saison war jetzt für alle Berlin Adler vorbei.

Zum ersten Mal ganz unten

Das neue Jahr brachte einen großen Umbruch. Obwohl wir ja bisher immer eine feste Größe im Titelrennen waren, gab es im Winter 95/96 eine Reihe von personellen Änderungen. Als erstes traf es John Rosenberg. Sein Vertrag wurde nicht verlängert und damit stellte sich die Frage, wer denn das Team in die neue Saison führen sollte. Es fiel die Wahl auf ein Eigengewächs: Shuan Fatah, ehemaliger Defensive Back der Meister Mannschaften von `87, `89 und `90. Seine aktive Karriere musste er aufgrund einer schweren Knieverletzung viel zu früh beenden. Dafür stieg er schon Anfang der 90er Jahre in das Trainergeschäft ein. Er führte unsere Jugendmannschaft zu einigen guten Erfolgen und war auch schon in der GFL-Mannschaft als Assistent dabei.

Die Voraussetzungen für ein gelungenes Debüt als Headcoach im GFL-Bereich waren allerdings nicht besonders gut, einige Leistungsträger der vergangenen Jahre waren nicht mehr dabei.

Der schwerwiegendste Abgang war der von QB Clifford Madison. Die Adler wollten ihm keinen neuen Vertrag mehr anbieten, weil sie dachten, er wäre nicht mehr gut genug, und dass seine Leistungen, nach Ansicht des Vorstandes, nicht mehr zur finanziellen Entlohnung passten. Ich persönlich hätte ihn gerne behalten. Ihn zog es zu den Berlin Rebels nach Charlottenburg. Wir brauchten also einen neuen QB, doch die drei Jungs die dann kamen, und fast alle wieder schnell nach Hause geschickt wurden, sind alle nicht wirklich erwähnenswert. Einzig Millard Vining war ein guter Athlet, allerdings zu klein. Wenn die Receiver über die Mitte liefen, konnte er sie einfach nicht sehen. Mit seinen 1,70 m konnte er nicht über die Offensive Line rüber schauen. Deshalb lief er mehr selber, als dass er Pässe warf. Das war für die Passempfänger schon recht frustrierend und machte uns ausrechenbar.

Nach nur sechs Spielen war die Ära Shuan Fatah dann schon wieder beendet, und Javier Cook übernahm das Ruder. Es reichte aber in der ganzen Saison nur für zwei Siege. Lediglich auswärts gegen die Düsseldorf Panther und die Kiel Baltic Hurricanes gelangen zwei Erfolge. Die Playoffs waren erstmals seit fast 20 Jahren kein Thema für uns. Ganz im Gegenteil, wir wurden Letzter und mussten in der *Relegation* gegen den Zweitligameister antreten. Und das waren ausgerechnet die Rebels mit Cliff als QB. Immerhin hielt die Serie, dass wir noch nie gegen sie verloren hatten. Mit 24-21 und 35-9 behielten wir die Oberhand und sicherten uns für ein weiteres Jahr die Zugehörigkeit zur 1. Liga. Dabei kam ein junger Nachwuchs-Quarterback zum Einsatz. Wanja Müller, der heute als Coach erfolgreich unterwegs ist, bekam die Chance sich zu profilieren und machte das mehr als gut. In der eigenen Jugend begann Wanja als Center und wurde dann zum QB umgeschult. Kaum einer hatte damit gerechnet, dass er in seiner ersten Spielzeit schon zum Einsatz kommt. Doch seine jugendliche Frische, sein Ehrgeiz und Spielverständnis brachte uns in den so wichtigen Relegationsspielen den Erfolg zurück.

Persönlich war 1996 ein enttäuschendes und schmerzhaftes Jahr. Ich erhielt viel zu wenige Bälle und mein Knie machte mir immer wieder Probleme. Im Nachhinein muss ich gestehen, dass ich zu früh wieder ins Training eingestiegen bin. Ich dachte, mit einer Orthese kann ich nichts falsch machen und war ab dem Januar wieder voll dabei. Dabei störte mich die Knie-Orthese so sehr, dass ich sie schon bald nicht mehr benutzte. Lediglich eine gestützte Bandage trug ich zum Training und an den Spieltagen. Dabei schwoll mein Knie leider immer wieder an. Zeitweilig kam mir das Gelenk wie ein Nadelkissen vor, so viele Spritzen wurden mir gesetzt. Einerseits, um die Flüssigkeit aus dem Knie zu saugen und anderseits, immer wieder entzündungshemmende Mittel hineinzugeben.

Die Nachwirkungen der ständigen Schwellung spüre ich heute noch. Das ständige Volllaufen des Gelenks und die anhaltende Reibung der Knochen des Ober- und Unterschenkels aneinander, sorgten dafür, dass der Knorpel immer mehr abgeschabt wurde. Ich habe heute einen Knorpelschaden dritten und vierten Grades im Knie und kann nicht mal mehr fünf Minuten joggen, ohne dass das Knie dick wird. Im Rückblick hätte ich noch länger pausieren und die volle Belastung erst später auf mich nehmen sollen. Aber als aktiver Sportler möchte man so schnell wie möglich zurückkommen und versuchen, dem Team zu helfen. Damals ging das ja auch immer irgendwie. Ein paar Schmerzen und kurze Pausen waren zu verkraften.

Was damals noch gar nicht ausgeprägt war, war der Sinn auf meinen Körper zu hören, der mir mehr als einmal deutliche Signale sendete.

Einen Rat möchte ich allen jungen Sportlern mitgeben: „Übertreibt es nicht mit dem Ehrgeiz und gebt euch die Zeit, eine Verletzung völlig auszukurieren. Es bringt nichts wenn ihr zu früh wieder einsteigt. Lieber eine Woche oder einen Monat länger in der Reha bleiben und dafür später ohne Schmerzen und Probleme auch nach der Karriere leben!"

Der Abstieg und das Ende

Wer dachte, dass 1996 schon schlimm war, wurde 1997 eines Besseren belehrt. Die gesamte Saison verlief wie ein Horrorfilm. Nicht ein Spiel konnten wir in der Vorrunde gewinnen.

Mit 10 Niederlagen wurden wir regelrecht aus den Stadien geprügelt. Dabei konnten wir im Schnitt lediglich 10,4 Punkte erzielen und kassierten im Gegenzug 36,1. Nichts war mehr übrig von den glanzvollen Zeiten der Vergangenheit. Weitere Leistungsträger verließen uns bereits vor dem Beginn der Saison. Die neuen Mannschaften der nächsten Ära hatten ganz andere Mittel, um Spieler zu sich zu lotsen. Nachdem wir ja nominell seit Mitte 1996 ohne Headcoach waren und Javier Cook als Offensive Coordinator den Job nur kommissarisch übernommen hatte, brauchten wir einen neuen Cheftrainer. Unser neuer Headcoach Bob Weber war um seinen Job nicht zu beneiden. Wir hatten Schwierigkeiten, überhaupt eine spielfähige Mannschaft aufzustellen. Die zweite Mannschaft wurde aufgelöst und in die erste integriert. Das passierte schon im Laufe der Vorsaison. Doch die Qualität der Abgänge konnte damit nicht kompensiert werden. Im Training fehlten uns die Spieler, um vernünftige Einheiten abzuhalten. Coach Weber kam nach den ersten Spielen zu mir und fragte, ob ich mehr Verantwortung übernehmen kann. Da ich schon seit der Vorsaison als Team Captain mich selbst als Vorbild für die neuen und jungen Spieler sah, sagte ich natürlich ja. Wir unterhielten uns lange und besprachen die Situation im Team. „Du bist für mich so etwas wie ein dritter Importspieler auf dem Feld", sagte Weber zu mir. Es galt ja immer noch die Regel, dass nur zwei Spieler aus dem Mutterland des Sports, den USA, gleichzeitig auf dem Feld stehen durften. Damit kitzelte Weber natürlich ganz bewusst mein Selbstbewusstsein. Ich konnte ja gar nicht anders als zu allem Ja und Amen zu sagen, was er mir vorschlug. Er hatte die Idee, mich nicht nur in der Offense und in Specialteams einzusetzen, sondern auch vermehrt in der Defense.

Dazu muss man sagen, dass ich neben Wide Receiver und Tight End schon als Long Snapper beim Punt und PAT im Einsatz war. Ich musste bei den Kickspielzügen den Ball zwischen meinen Beinen dem Holder oder Punter zuwerfen. Dabei kamen mir wieder einmal meine großen Hände zugute. Anstatt wie fast jeder Long Snapper den Ball mit beiden Händen zurückzuspielen, nahm ich nur eine Hand. Das widersprach zwar jeglichen Regeln, aber das Ergebnis gab mir recht und ich konnte damit die linke Hand sehr schnell zum Blocken hoch nehmen. Außerdem war ich im Kick-Return-Team als Blocker auf dem Feld. Ich rechnete nach dem Gespräch damit, dass mich der Coach ab und zu in unserer Starting Defense trainieren lassen würde, um mich an unser Spielsystem zu gewöhnen, und um dann als Backup zur Verfügung zu stehen, wenn sich jemand verletzen würde oder eine Pause brauchte. Er hatte aber ganz anderes im Sinn.

Schon einen Tag nach unserem Gespräch trainierte ich mit der ersten Offense und zusätzlich der ersten Defense. Normalerweise trainiert die Starting Unit gegen die eigenen Backups, die das System des nächsten Gegners simuliert. Wenn man denn genügend Spieler zur Verfügung hat. Von dem Tag an war ich bei allen Spielzügen auf dem Platz. Das war wahrer Ironman-Football. Ich war fortan als Receiver, Free Safety (eine Position im Defensive Backfield) und in allen Special Teams außer dem Kickoff-Team aktiv. Da aber der Kickoff nur zu Beginn des Spiels oder der zweiten Halbzeit und nach eigenen Punkten auf dem Feld ist, war ich von den effektiven 48 Minuten Spielzeit gefühlt 46 auf dem Feld. Wenn wir im Angriff waren und keinen neuen First Down erzielten, punteten wir den Ball zum Gegner, dann blieb ich auf dem Spielfeld und die anderen zehn Verteidiger kamen dazu. Ab und zu huschte ich mal schnell an der Seitenlinie vorbei, um einen Schluck zu trinken.

Die ersten Wochen waren extrem anstrengend. Nach jedem Training schlich ich total fertig in die Kabine. Nach den Spielen konnte man mich am besten gleich vom Feld auf die Massagebank legen. Doch nach einigen Wochen hatte ich mich an die Belastung gewöhnt und die Kondition wurde immer besser. So ähnlich wie 10 Jahre zuvor, als ich von der Leichtathletik kam und das tägliche Training gewohnt war. Bei dem Auswärtsspiel gegen die Braunschweig Lions war es dann so weit, dass es mir kaum noch anzusehen war, dass ich durchgespielt hatte. Obwohl ich als Receiver ständig auf der Flucht vor den starken Verteidigern war und in der Defense unter anderem meinem ehemaligen Counterpart Stoney Stahnke hinterherrennen musste. Stoney war zu Beginn der Saison nach Braunschweig gewechselt und hatte den richtigen Riecher gehabt, denn er gewann in diesem Jahr den ersten Titel für Braunschweig gegen die Hamburg Blue Devils und damit insgesamt seinen fünften Meistertitel. Damit wurde leider das Berliner Napalmduo gesprengt. Wir nannten uns gerne selber so, als Feuer und Flamme, wenn wir gemeinsam rechts und links auf dem Feld standen. Jetzt musste also das Feuer versuchen, die Flamme zu covern und zu tackeln. Eine ungewohnte Situation. Bei einem anderen Spiel kam mir eine seltene und an dem Tag für mich völlig unpassende Ehre zugute. Das Auswärtsspiel gegen die Blue Devils im Hamburger Volksparkstadion war eine deftige Packung. Unsere überforderte Truppe kämpfte aufopferungsvoll gegen die Zuschauer und den übermächtigen Gegner. Das Match ging mit 0-62 völlig in die Hose.

Wir schlichen gerade wie die geprügelten Hunde vom Platz, da kamen ein paar Hamburger Fans auf mich zu und drückten mir einen Pokal und ein T-Shirt des Fanclubs in die Hand. Sie sagten mir, ich wäre der Game MVP der Adler und herzlichen Glückwunsch. Ich muss sie angeschaut haben, als ob sie von einem anderen Stern kämen. Ich konnte nicht begreifen, dass irgendeiner bei so einer Niederlage noch eine *Most-Valuable-Player*-Ehrung verdient hatte. Mich beschlich das Gefühl, dass sie mich ausgesucht hatten, da ich der einzige war, den sie von früher aus den besseren Zeiten noch kannten. Schließlich hatte ich gegen die Devils und auch gegen die Hamburg Silver Eagles einige tolle Spiele gehabt. Ich nahm das Shirt und den Pokal an mich, konnte und wollte mich aber nicht so wirklich dafür bedanken. Immerhin hat das Shirt einige Jahre als Schlafshirt hergehalten. Und ich wurde immer wieder an dieses Spiel erinnert.

Eine weitere Situation blieb aus der Saison in meinem Gedächtnis. Diesmal aber etwas positiver. Beim Auswärtsspiel bei den Kiel Baltic Hurricanes trafen wir wieder auf einen alten Bekannten. Clifford hatte inzwischen als Spielertrainer im hohen Norden ein neues Zuhause gefunden. Zwar verloren wir das Spiel ebenfalls mit 42-23, aber kurz vor der Halbzeit gab es etwas zu lachen für mich. Cliff dirigierte seine Offense über das Feld. Kurz vor dem Pausenpfiff wusste ich genau, was er vorhatte. Es war noch eine ganze Ecke bis in die Endzone und ich orientierte mich als Safety schon mal ein bisschen weiter nach hinten. Als letzter Mann auf dem Feld, war es egal, ob ich nun 10, 15 oder 20 Yards tief stand. Ich rechnete mit dem langen Ball und spekulierte auf einen langen Pass über die Mitte. Da ich meinen alten Haudegen kannte, enttäuschte er mich auch nicht und versuchte, seinen Receiver über mich hinweg anzuspielen. Vielleicht erinnerte er sich aber auch an die alten Zeiten und warf aus Instinkt direkt zu mir, oder ich hatte ihn wirklich einfach gut gelesen, aber es war, wie ich es erhofft und erwartet hatte und der Ball landete genau in meinen Armen. Ich konnte die Interception sogar noch ein paar Yards zurücktragen, aber zu mehr hat es nicht gereicht. Das war mir in dem Moment aber völlig egal. Ich lachte und jubelte, als wenn ich gerade Meister geworden wäre. Kurz danach war die Halbzeit vorbei und ich rannte auf dem Weg in die Kabine zu Cliff. „Na mein Guter, da wolltest du wohl wie früher einen Touchdown auf mich werfen", rief ich ihm entgegen. Cliff lächelte und zwinkerte mir nur zu. Dass dieses Play eines der Highlights in der gesamten Saison für mich war, spricht Bände für den Verlauf. Aber den persönlichen Triumph konnte mir keiner nehmen.

Eine wichtige Personalie hatten wir in diesem Jahr. Nicht nur für das Team, sondern auch für mich und vor allem für die Person um die es geht. Anfang April bekamen wir einen neuen US-Spieler. Es kam Vernon Strickland aus Atlanta zu uns. Er spielte Middle Linebacker, konnte aber auch als Fullback eingesetzt werden. Vernon war eine beindruckende Erscheinung: etwas über 1,90 m groß, um die 110 kg schwer und dabei auch noch recht flink auf den Füßen unterwegs. Ich bin ja nun auch nicht gerade klein und schmächtig, aber da hatte ich doch erst mal etwas Respekt. Vor allem weil ich ja im Training teilweise direkt gegen ihn spielen musste. Dafür war es eine Wonne als Safety hinter ihm zu sein. Er räumte mächtig ab, und wenn ihm einer mal entwischte, hatte er ihn meistens so weit verlangsamt, dass er eine leichte Beute war.

Ich lernte viel von Vernon, zum Beispiel, wie man die verschiedenen Verteidigungsvarianten spielen sollte. Das kam eigentlich so nebenbei. Da der Verein eine Wohnung für auswärtige Spieler in Tempelhof hatte und diese keine fünf Minuten von meiner Wohnung entfernt war, nahm ich ihn etwas unter meine Fittiche. Wir fuhren so gut wie immer zusammen zum Training und unterhielten uns über das Training, Spiele und Taktiken, aber auch über Gott und die Welt. Da er ja alleine wohnte und das Kochen für eine Person recht aufwendig war, lud ich Vernon regelmäßig zum Essen ein. Meistens gingen wir dafür zu meinen Eltern, die auch nur fünf Minuten in die andere Richtung wohnten.

Das ging sogar so weit, dass Vernon unter der Woche zwei-, dreimal alleine bei meiner Mama auftauchte und natürlich immer was zu essen bekam. Nach ein paar Wochen war es dann soweit, dass meine Eltern schon von ihrem dritten Sohn sprachen. Was bei seiner tiefschwarzen Hautfarbe schon etwas Verwirrung bei den Nachbarn meiner Eltern hervorrief. Aber Vernon wurde nicht nur bekocht und umsorgt, er lernte bei meiner Mutter auch selber kochen. Sein Lieblingsgericht waren Bouletten mit Porree und Kartoffeln. Das übte er ein paarmal, und als seine Freundin Makisha aus Atlanta zu Besuch kam, kochte er ihr ein deutsches Dinner. Es muss wohl ziemlich gut gewesen sein. Jedenfalls sind sie heute noch zusammen, sind glücklich verheiratet und haben zwei wundervolle Kinder.

Auch sportlich ging es für Vernon in Berlin nach oben. Als High-School-Absolvent hatte er kein Football-Stipendium erhalten. Das lag vielleicht auch daran, dass er als Kind an Leukämie erkrankt war. Er versuchte sich als Walk-On bei seiner Uni um die Ecke. Das war immerhin die Georgia Tech University. Die Yellow Jacketts sind ein *Division-1-Team*, was regelmäßig in den Top 25 Colleges Ranking der USA auftaucht. Er schaffte den Sprung in den Kader und bekam sogar etwas Spielzeit. Allerdings nicht genug, um die Aufmerksamkeit der NFL-Scouts zu bekommen. Dann bekam er das Angebot, bei uns zu spielen, und lernte Coach Weber kennen. Mit seiner Leistung und seinem

Arbeitswillen überzeugte er den Coach. Bob Weber war ein älterer Mann mit einem Riesennetzwerk im US-Football. Unter anderem war er es, der dem damaligen Headcoach der San Francisco 49ers Steve Mariucci den ersten Job als Coach gab. Weber und Mariucci telefonierten immer noch regelmäßig und als der 49ers Headcoach Weber gegenüber beklagte, dass er auf der Suche nach jungen guten Linebackern war, sagte dieser: „Ich habe hier einen in Deutschland. Ein guter Junge. Probiere den doch mal aus." Und so kam es, dass Vernon Strickland der erste mir bekannte Spieler aus der GFL wurde, der einen Vertrag bei einem NFL-Team bekam. 1998 wurde er zu den Minicamps eingeladen. Er war die gesamte Pre Season bei den Niners, schaffte aber den Sprung in den aktiven Kader nicht. Dafür wurde er in das Practice Squad aufgenommen, und blieb die gesamte Saison dort. Das Wiedersehen mit Vernon werde ich später noch einmal ausführlich beschreiben.

Schon während der Saison war mir klargeworden, dass ich nicht mehr lange auf dem GFL-Niveau mithalten kann. Das Knie machte mir zu schaffen und die Belastung aus den vielen Spielanteilen trug noch das ihre dazu bei. Ich musste mich mit dem Gedanken befassen, dass das Ende der Karriere an die Tür klopfte. Obwohl ich gerade erst 28 Jahre alt war, spürte ich doch deutlich die 20 Jahre Leistungssport und den Verschleiß. Es fiel mir nicht leicht, drüber nachzudenken, aber mit jeder Niederlage in der Saison reifte der Entschluss in mir: das war meine letzte Saison. Ich rechnete schon nicht mehr damit, dass ich in der sehr wahrscheinlich anstehenden Relegation noch spielen könnte. Deshalb hatte ich für Ende September schon meinen Urlaub geplant. Zu diesem Zeitpunkt war ich mental durch. Ich spielte das Relegations-Hinspiel gegen die Paderborn Dolphins noch mit. Das gewannen wir zu Hause noch mit 28-21. Jedoch merkte Coach Weber anscheinend, dass ich mich nicht voll auf das Spiel konzentrieren konnte. Er setzte mich nur noch sporadisch in der Defense ein, und im Angriff blieb es meistens dabei, dass ich als Blocker genutzt wurde und nicht mehr als Ballfänger. Das frustrierte mich dann zusätzlich.

Zum Rückspiel nach Paderborn fuhr ich dann nicht mehr mit. Ich wollte einfach nicht mehr. Ich habe in den zehn Jahren kein einziges Spiel freiwillig verpasst, hatte immer meinen Urlaub an die Saison angepasst, was nicht bei allen Spielern so geschah. Ich habe mich nach zwei schweren Verletzungen zurückgekämpft und habe es mit bleibenden Schäden in meinem Knie und Sprunggelenk bezahlt. Ich wollte nicht mehr. Es war genug.

Wir verloren das Rückspiel gegen die Dolphins mit 40-21. Die Berlin Adler stiegen in die zweite Liga ab.

Der Abschied

Obwohl ich beim letzten Heimspiel der Saison gegen Paderborn offiziell verabschiedet wurde, war mein persönlicher Abschied ein ganz anderer.

Ich wurde im darauffolgenden Winter von Georg Holzmann, der Eishockeylegende des BSC Preussen zu seinem Abschiedsspiel eingeladen. Das sollte Ende Januar 1998 stattfinden. Uns verband eine Freundschaft, die schon bei einigen gemeinsamen Partys gepflegt wurde. Ich sagte zu Schorsch: „Ich spiele nur gegen eure Bambinis auf dem Eis, wenn du auch zu meinem Abschiedsspiel kommst und gegen unsere Kiddies *Flag Football* spielst." Er sagte sofort zu. Und da er ein Mann ist der sein Wort hält, war ich nun unter Zugzwang. Denn bisher hatte ich nur mal locker darüber nachgedacht ein eigenes Abschiedsspiel zu organisieren. Das gab es bis dahin noch nicht im deutschen Football. Ich plante und überlegte, wen ich dazu einladen sollte und gegen wen wir überhaupt spielen können.

Nach einigen Gesprächen kam heraus, dass die Adler noch keinen Gegner für ein Pre-Season-Spiel für die kommende Zweitligasaison hatten. Also stand der Gegner schon mal fest. Nun ging es daran, die alten Weggefährten zusammenzusammeln und zu schauen, ob die morschen Knochen noch halten. Zu dieser Zeit gab es ja die Social-Media-Kanäle noch nicht, und es war gar nicht so leicht, die in alle Winde verstreuten Spieler und Freunde zu erreichen. Es hat aber dann doch ganz gut geklappt, weil ich noch einige Telefonnummern hatte und der Rest dann von Mund zu Mund weitergegeben wurde. So kamen wirklich viele Zusagen aus dem gesamten Bundesgebiet und die Vorfreude stieg immens an. Ich besorgte Übernachtungsmöglichkeiten und kümmerte mich darum, dass wir einen ordentlichen Platz zum Feiern haben. Den zweiten Teil konnte ich schnell abhaken, denn immerhin hatten meine Mannschaftskameraden Stefan Mücke und Tse-Lok Kwok die Pickers Sports Bar. Das war die erste Bar seiner Art in Berlin und der Treffpunkt für die Berliner Sportler und Fans. Nicht nur wir als Adler, sondern so ziemlich alle Berliner Spitzenteams trafen sich dort öfter auf einen Drink, leckere Burger und Chicken Wings. Ich organsierte für einen Samstagabend Ende März die Party im Pickers. Damit stand also auch der Spieltag schon fest. Die meisten der über 50 Spieler die zugesagt hatten kamen nicht aus Berlin, und somit musste ich noch ein bisschen was für den Freitag vorbereiten. Als Hauptanlaufpunkt nahm ich wieder das Pickers, um die Gäste auf die verschiedenen Unterkünfte zu verteilen. Dabei waren nur ganz wenige in Hotels oder Pensionen unterzubringen. Die meisten habe ich privat bei anderen Spielern oder meiner Familie eingebucht.

So schliefen allein vier Spieler aus Düsseldorf bei meinen Eltern in meinem alten Kinderzimmer. Am Nachmittag und frühen Abend des Freitags trudelten also die Teilnehmer aus Hamburg, München, Frankfurt, Düsseldorf, Köln, Dortmund und weiteren Ecken der Republik ein. Natürlich kamen noch ein paar aktuelle und ehemalige Berliner dazu. Insgesamt hatte ich 51 Zusagen, von noch aktiven Spielern und Veterans. Einige konnten aufgrund der körperlichen Konstitution nicht mehr selber spielen und übernahmen dann die Aufgaben der Coaches. Für den Freitag kamen neben den Spielern noch ein paar Freunde und Bekannte dazu.

Nachdem der Großteil eingetroffen und versorgt war, spazierten wir von der Uhlandstr. über den Ku'damm zum Olivaer Platz, um in dem Club eines Sponsors ein wenig zu feiern. Das Meadows gehörte einem alten Bekannten, der unsere Merchandise-Artikel herstellte. Ich reservierte für 40 Personen einen Tisch, am Ende waren wir um die 60 und der Club gehörte uns. Ich werde nie die Blicke der Türsteher und anderen Gäste, die in einer Schlange vor dem Club warteten, vergessen, als wir ankamen. Ich sprach kurz mit dem Manager und wir wurden sofort eingelassen. Eine Horde Footballer, zwischen 1,70 m und 2,00 m, die meisten davon größer und kräftiger als die Jungs, die die Tür bewachen sollten. Es gab Freigetränke und jede Menge Spaß auf und neben der Tanzfläche. Als mit Dicky und Max zwei Cornerbacks aus München und Düsseldorf laut lachend an den Türstehern an der Kasse vorbeizogen, gab es erst böse Blicke und dann einen Kommentar, man möge doch bitte nicht so laut sein und die anderen Gäste stören. Direkt hinter den beiden „Kleinen" kamen dann drei Offensive Line Spieler von den Blue Devils und warfen einen großen Schatten auf den Herrn an der Tür. „Gibt es Probleme?", fragten sie ganz höflich. Das Thema war dann für diese Nacht durch und wir durften feiern wie wir wollten.

Wie lange es am Freitag ging, kann ich nicht mehr beantworten, aber was mich erstaunte war, dass alle am nächsten Tag pünktlich in der Kabine der Radrennbahn Schöneberg erschienen. Der Kickoff war für 14 Uhr angesetzt, und ich hatte schon damit gerechnet, dass es bestimmt jemand nicht schaffen würde. Aber es waren alle da, wenn auch ein paar Jungs noch ganz schön angeschlagen waren. Es gab noch vereinzelte Ruhephasen vor dem Spiel, anstatt sich aufzuwärmen schlief jemand zum Beispiel noch eine halbe Stunde in kompletter Montur im Auto. Das Warm-up ging genauso lustig weiter wie der Abend zuvor endete: Es gab jede Menge schlauer Bemerkungen und Frotzeleien. Allerdings nicht zum Gegner, sondern nur untereinander. In meinem Team, den Roman All Stars waren jede Menge aktuelle und ehemalige Nationalspieler. Dazu kamen viele ehemalige Mitspieler und Gegner. Einige von ihnen hatten schon jahrelang keine Ausrüstung mehr angehabt und waren schon nach dem Aufwärmen k.o. Dazu kam noch, dass es nicht wirklich warm war, das hatte für Ende März ja auch niemand wirklich erwartet. Wir hatten zwei große Getränketonnen mit warmem Tee vorbereitet. Zum Aufwärmen. Konnte ja keiner ahnen, dass jemand auf die Idee kam, mehrere Flaschen Rum reinzuschütten. Ist ja fast naheliegend, wenn ein Freund eine Bar besitzt und die Mitspieler nicht frieren sollen. Ich kam vom Feld und hatte davon noch nichts mitbekommen. Ich nahm einen großen Becher und schüttete ihn in einem Zug runter. Da waren die Lichter gleich wieder an, war ja nur ein Auffrischen des Vorabends.

Das Vorspiel bestritten dann wirklich unsere Bambinis gegen ein paar Freunde von mir, die nichts mit aktivem

Footballspielen am Hut hatten. Darunter waren u. a. Georg Holzmann von den Preussen, Falko Götz von Hertha BSC, Moritz Hillebrandt von dem Berliner Baseball Team Challenger und auch Ronald Toplak, ein guter Bekannter der mich als Zeitungsredakteur lange Zeit begleitet hat und dafür sorgte, dass ich schon während meiner aktiven Zeit als Journalist anfing zu schreiben. Sie alle spielten mit meinem Bruder Stephan als QB gegen unsere jüngsten Adler und alle hatten einen Mordsspaß. Danach ging es für sie auf die Tribüne. Sie hatten ihre Schuldigkeit getan und durften schon mal anfangen zu feiern.

Damit wir auch ein echtes Football-Spiel hinlegen konnten, brauchten wir natürlich auch Schiedsrichter. Und wen sollte ich anderes fragen als den bekanntesten Berliner Referee, Rainer Stullich. Ich möchte mich noch einmal hier dafür bedanken, dass er und seine Crew sofort ja sagten und den Spaß mitmachten. So etwas gab es ja bisher noch nicht und aus rein technischer Sicht war das ja kein offizielles Testspiel. Da viele gar keinen Spielerpass mehr hatten oder die anderen bei verschiedenen Teams aktiv waren, wäre das ohne die Mithilfe der Referee-Crew nicht möglich gewesen. So war es quasi eine private Veranstaltung mit halboffiziellem Charakter. Man kann sich vorstellen, dass die Partie nicht sehr hochklassig war, aus sportlicher Sicht. Die Mannschaft der Berlin Adler war hochmotiviert, viele der jungen Spieler, die neu im Team waren, hatten noch nie gegen so gute und hochkarätige Spieler einen Fuß aufs Feld gesetzt. Und meine Truppe kämpfte mit den Folgen des Katers vom Vorabend und dem neuerlichen Alkoholzufluss an der Seitenlinie. Trotzdem gab es einige sehenswerte Aktionen. Die Adler gingen mit 7-0 in Führung, als sie einen Fumble eroberten und in die Endzone zurücktrugen. Dann kam, was kommen musste. Clifford Madison warf eine lange Bombe quer über das Feld und hatte mich perfekt angespielt. Ich fing den Ball an der 10-Yard Line und wollte noch bis in die Endzone, nur leider war der Verteidiger dagegen und erwischte mich noch an der 2. Von da aus spielten wir den nächsten Spielzug, und was soll ich sagen, Cliff fand mich in der Endzone. Touchdown und das gesamte All-Star-Team machte Jagd auf mich und begrub mich unter sich. Und weil wir das Spiel nicht unentschieden enden lassen wollten, spielten wir die Two-Point Conversion noch hinterher. Gleiches Szenario: Cliff auf mich, erfolgreich, und wieder war ich dran.

Diesmal lag ich nicht in der Endzone, sondern versuchte, zu entkommen. Doch in der Kurve der Radrennbahn stellten sie mich und ich war wieder ganz unten in dem Knäuel. Dabei blieb es dann und wir hatten alle einen Grund zum Feiern. Alle bis auf einen. Bei einer blöden Aktion verletzte sich leider RB Markus Finke von den Cologne Crocodiles ziemlich schwer am Fuß. Bei einem Block rollte ihm ein Spieler der Adler über das Sprunggelenk und brach ihm das Bein. Doppelt bitter für Markus, der sich gerade in der Vorbereitung für einen erneuten Angriff auf einen Kaderplatz in der NFL Europe befand. Markus musste ins Krankenhaus und fiel einige Wochen aus. Ich möchte mich hiermit noch mal bei

Markus bedanken, dass er an dem Spiel teilgenommen hat und das Risiko einer Verletzung in Kauf genommen hat. Glücklicherweise konnte er nach der Verletzung wieder spielen und war für sein Team wieder im Einsatz. In dem ganzen Trubel ging die Verletzung von Markus fast ein bisschen unter, doch das Mitgefühl von uns allen war im sicher. Wir kannten alle solche Situationen. Bevor es dann offiziell mit der Party losging, hatte ich noch einen Moment für mich.

Als alle schon vom Feld waren, ging ich noch mal in die Mitte und setzte mich einen Moment auf den Rasen. Was hier in den letzten zehn Jahren so alles auf mich eingeprasselt war, was ich hier erlebt hatte und welche tollen Momente ich hatte, schwirrten mir durch den Kopf. Ich saß ganz alleine im Stadion und es kamen sogar ein paar Tränen hervor. In dem Moment störte mich das überhaupt nicht. Keiner sah es und ich genoss einfach den Augenblick!

Vom Stadion aus ging es dann direkt ins Pickers. Dort war schon alles vorbereitet. 250 Liter Freibier und Essen warteten auf die ca. 100 Gäste. Kann sich jeder vorstellen, dass das nicht lange gereicht hat. Noch vor Mitternacht musste Nachschub besorgt werden.

Es war ein witziger Abend mit vielen Anekdoten und schönen Erinnerungen. Manch Gast saß um 24 Uhr noch in Jogginghose mit Bier in der Hand und wollte nicht nach Hause gehen. Zum Glück haben alle dann doch den Heimweg gefunden und keiner ging verloren. Es war einer der schönsten Partyabende meines Lebens.

Der kurze Rücktritt vom Rücktritt

In der folgenden Saison war ich nicht einmal bei einem Football-Spiel. Ich brauchte Abstand. Ein paar Monate nach meinem Abschiedsspiel wurde ich von Michael Lang angesprochen, ob ich mir vorstellen könnte für das Team Berlin, das neue Team in er NFL Europe zu arbeiten. Als zukünftiger General Manager bot er mir die Stelle als PR Director oder zu Deutsch Pressesprecher an. Das klang ganz interessant. Als ich mein prinzipielles Interesse bekundete, kam kurz danach Oliver Luck, der Präsident der NFL Europe, nach Berlin, um mit mir das Bewerbungsgespräch zu führen.

Die Grunddaten waren schnell besprochen und dann ging alles ganz schnell. Und schon war ich wieder im Football-Business, diesmal jedoch auf einer anderen Seite, die ich in einem eigenen Kapitel ausführlich beschreiben werde. Nach 13 Monaten war das Kapitel als Angestellter der NFL Europe wieder vorbei und es juckte etwas in den Fingern und Füßen. Ich fühlte mich unvollendet, weil ich inzwischen mal nachgezählt und recherchiert hatte, dass ich in meiner Karriere genau 98 TDs in Pflichtspielen für die Adler erzielt habe. Das ging ja gar nicht, so aufzuhören. So kurz vor der magischen 100. Ich hatte vorsichtshalber rechtzeitig vor Ende der Passfrist einen Spielerpass unterschrieben. Und so konnte ich, nachdem ich wieder Zeit für und vor allem Lust auf Football hatte, wieder zum Training gehen.

Zwar war ich nach eineinhalb Jahren etwas eingerostet, aber ich dachte mir, für die zweite Liga wird es schon noch reichen. Ich musste ja nur 2 Touchdowns fangen, dann könnte ich wieder auf die Bank und alles ist gut. Bei den ersten Trainingseinheiten war ich noch etwas zurückhaltend und musste ja erst mal sehen, ob das Knie hält. Das ging aber erstaunlicherweise recht gut und so konnte ich richtig Gas geben. Ich wollte nur als Wide Receiver ein paar Spiele bis zum Saisonende mitmachen. Schließlich kam ich ja erst im Sommer zum Team. Doch dann war ich mittendrin statt nur ein bisschen dabei.

Ich wurde als Receiver, Tight End, Defensive End und Safety eingesetzt. Immer da wo gerade Not am Mann war. In einem Spiel zu Hause im Jahnstadion gab es die Kombi Receiver in der Offense und Defensive End. Die Position, die am Ende der ersten Verteidigungslinie steht und Jagd auf den Quarterback machen soll. Damit hatte ich dann fast alle Positionen in einer Mannschaft in meinem Football-Leben einmal gespielt. Alle bis auf Quarterback. Darauf war ich auch gar nicht scharf. Wahrscheinlich hätte ich sofort immer den Ball selbst behalten und wäre einfach losgerannt, anstatt den Pass zu werfen.

Im Auswärtsspiel gegen die Hildesheim Invaders war es dann soweit. Ich fing zwei Touchdowns im Spiel und hatte die 100 voll. Keiner aus dem Team wusste, dass es für mich ein Jubiläum war. Ich erzählte es auch nicht rum. Das war ein stiller Erfolg für mich und ich feierte ihn in Ruhe auf der Rückfahrt im Bus mit einem Bier in der Hand.

Es kamen dann noch zwei weitere TDs bis zu Ende der Saison dazu. Das war es nun aber wirklich. Mehr konnte ich sowieso nicht mehr erreichen. Zeit die Pads und den Helm für immer an den Nagel zu hängen. Die 100er-Schallmauer hat bei den Adlern seither niemand mehr durchbrochen. Die 102 TDs sind die meisten, die je ein Spieler in seiner Karriere bei den Adlern erreicht hat.

Die American Bowls in Berlin

Die Pre-Season-Spiele der NFL in Berlin waren eine ganz besondere Sache für uns Berliner. Egal welche Teams zu den Vorbereitungsspielen ins Olympiastadion kamen, wir waren als Berliner und deutsches Amateur-Vorzeigeteam immer irgendwie involviert. Im ersten Jahr wurden wir wie die kleinen Schulkinder zu einem Showtraining aufs Maifeld gebeten. Wir dachten, wir dürften gegen die Profis antreten und uns mit Ihnen messen und waren dementsprechend motiviert aufgelaufen. Doch aus versicherungstechnischen Gründen standen nur einige Backups in Zivil auf dem Feld rum und erklärten uns ein paar Übungen. Das war doch schon sehr enttäuschend, denn es war nicht mal eine normale Trainingseinheit für uns. Wir waren nur schmückendes Beiwerk für ein paar Fotos, mit vielen anderen Spielern aus Berliner Mannschaften. Viel interessanter war es, den Teams bei ihrem Training zuzuschauen. Da konnten wir einiges abgucken und ein paar Drills in unsere eigene Routine übernehmen.

Die Spiele selber im Stadion waren eher mäßig interessant. Es war noch früh in der Vorbereitungszeit, und die Starter bekamen wenig Spielanteile. Es wurden viele Ersatzspieler getestet, schließlich waren pro Mannschaft noch rund 90 Spieler dabei. Zum Saisonbeginn im September mussten die Teams dann auf 53 reduzieren. Da mussten sich die Neuen dementsprechend gut zeigen.

Aber die Kulisse war immer gut. Egal wer gespielt hat, es waren immer mehr als 50.000 Zuschauer im Stadion. 1991 spielten die San Francisco 49ers gegen die Chicago Bears. Da kamen meine Idole in unsere Stadt. Mit Jerry Rice, dem meiner Meinung nach bestem Wide Receiver aller Zeiten, stand ich beim Training an der Seitenlinie und schaute auf jeden Schritt den er tat. Im Hotel Schweizer Hof kam es dann zu einem für mich unvergesslichen Moment. Ich war als Kolumnist für eine Berliner Tageszeitung tätig und schrieb ein Tagebuch über meine Trainingseindrücke.

Mittags war ich mit dem begleitenden Redakteur Ronald Toplak im Hotel und wir schauten uns nach einem Gesprächspartner um. Plötzlich ging Joe Montana an uns vorbei – der QB der 49ers war neben Jerry Rice der Superstar der Kalifornier. Ich stand ehrfürchtig wie zur Salzsäule erstarrt da und traute mich nicht, irgendwas zu sagen. Ronald der etwas geübter im Umgang mit großen Sportlern war sagte: „Geh mal hin und lass dich mit Joe fotografieren." Durch Zufall war auch ein Fotograf anwesend. Ich nahm allen Mut zusammen und sprach Joe an. Der war sehr nett, stellte sich neben mich und ließ sich geduldig mit mir ablichten. Ich kann nicht beschreiben, wie mir damals zumute war.

Ich kam mir vor wie ein kleines Kind im Spielwarenladen. Montana gilt noch heute neben Tom Brady als einer der besten Quarterbacks aller Zeiten, gewann viermal den Super Bowl und wurde dabei dreimal zum MVP, dem wertvollsten Spieler des Spiels gewählt. Auf einer Pressekonferenz während der Woche erzählte er, dass er es genoss in Berlin einfach durch die Straßen zu gehen und unerkannt beim Shopping mit seiner Frau über den Ku'damm zu bummeln. Insofern war es vielleicht für ihn auch ein kleiner denkwürdiger Moment, dass ihn jemand erkannte und ein Foto mit ihm machen wollte. Jedenfalls bilde ich mir das heute noch ein. Auf der Gegenseite spielte QB Jim McMahon für die Bears. Ein Typ der ganz anders war als Montana. Er war sehr extrovertiert, lief ständig mit dunkler Sonnenbrille rum und machte keinen Hehl daraus, dass ihm der Auslandstripp nicht wirklich Spaß machte. Interviews gab er nur widerwillig und auf die Frage, was ihm an Berlin am besten gefällt antwortet er: „Der Fisch-Kanal im Fernsehen ist klasse." Damit meinte er das Testbild eines Berliner Lokalsenders, das während der Sendepause in der Nacht ein Aquarium abfilmte und ausstrahlte.

Von der Stadt selber hatte er anscheinend nichts gesehen. Das Spiel war ein typisches Vorbereitungsspiel. Es passierte nicht viel und die Superstars waren nach dem ersten Viertel schon auf der Ersatzbank. Unserer Mannschaft war das so gut wie egal, weil der Großteil schon während des Spiels damit beschäftigt war, das Gepäck der Teams in LKW zu verladen. Direkt nach dem Spiel ging es für die Teams zurück in die Heimat. Die Logistik für die beiden Mannschaften wurde von einer Spedition abgewickelt, für die ein Vereinsmitglied und Sponsor der Adler arbeitete. Er rekrutierte das halbe Team von uns, um die persönlichen Sachen, die Ausrüstung und das restliche Equipment zu verladen und zum Transport zum Flughafen fertig zu machen.

Jeder schaute, dass er irgendein Andenken fand, dass er unbemerkt mitnehmen konnte. Mir fiel ein Tapecutter in die Hände, mit dem man die Klebeverbände an den Sprunggelenken oder Händen aufschneiden konnte, ohne sich dabei die Haut aufzuritzen. Den hütete ich wie einen Schatz und er kam bei jedem Training und Spiel meiner Karriere zum Einsatz. Selbst als ich nach dem Football mit dem Eishockey anfing, lag der Cutter immer in meiner Tasche, bis er nach gut 15 Jahren leider seinen Geist aufgab und zerbrach. Angeblich sollen auch ein paar Gepäckstücke beim Transport verloren gegangen sein.

So hält sich immer noch das Gerücht, dass die Cowboystiefel von Ersatzquarterback Steve Young, der selber zu einem der ganz großen seiner Zunft wurde, nachdem Montana die 49ers verlassen, nicht den Weg nach San Francisco gefunden haben. Dafür hatte ein Spieler von uns kurz nach der Abreise ein paar neue Stiefel, die er sehr stolz beim Training vorführte.

Bei einer Promotiontour im Vorfeld eines der American Bowls wurden wir nach einer öffentlichen Trainingseinheit von der NFL zu einem Abendessen mit einigen Spielern aus verschiedenen Teams eingeladen. Es ging in ein Mittelalter-Restaurant in Berlin und wir hatten viel Zeit, mit den NFL-Stars zu plaudern. Ich saß neben Jason Elam, dem Kicker der Denver Broncos, der damals noch ganz neu in der Liga war.

Wir unterhielten uns während des Essens darüber, wie es ist, als Neuling in ein gutes Team zu kommen und den Druck in entscheidenden Situationen anzutreten. Schließlich kann ein Spiel durch einen verschossenes Field Goal oder einen fallengelassenen Pass in der letzten Minute eine entscheidende Wendung bekommen. Dass Elam mit dem Druck gut umgehen kann, zeigte er in seiner Laufbahn mehr als einmal. Er wurde dreimal in den Pro Bowl, das All Star Game der NFL, gewählt und gewann mit den Denver Broncos zweimal den Super Bowl, gemeinsam mit Superstar John Elway.

Im August 1993 kamen die Minnesota Vikings und Buffalo Bills nach Berlin. Um den Teams das Leben in der Stadt ein bisschen einfacher zu machen, stellte ihnen die Liga einen Local Scout an die Seite. Ich wurde gefragt, ob ich mir etwas Geld verdienen wolle und den Buffalo Bills bei Ihren Fragen und kleineren Problemen mit der deutschen Mentalität helfen kann. Natürlich sagte ich sofort zu, bevor ich überhaupt wusste, wie viel ich für diese Woche bekommen sollte. Das war auch völlig zweitrangig. Mich reizte es, ganz nah an der Mannschaft zu sein. Ich wartete ganz gespannt und aufgeregt im Office der Bills, das in ihrem Hotel eingerichtet war.

Die Offiziellen begrüßten mich sehr freundlich und waren glücklich, dass sie einen Ansprechpartner für sich und die Mannschaft hatten, der sich in der Stadt auskannte und englisch sprechen konnte. Als der Headcoach der Bills, Marv Levy, das Office betrat, erfuhr ich auf drastische Weise, was er von dem Berlin-Ausflug hielt, nämlich gar nichts. „Let`s try to make not too much holiday here, and get back home as soon as possible," war sein erster Satz den ich hörte. Damit war die Marschrichtung für die Woche vorgegeben. So richtig ernst nahmen Levy und seine Coaches die Woche nicht und sahen sie eher als Störung der Vorbereitung auf die neue Saison an. Die Spieler hatten aber viel Spaß. Sie nutzten die Aufmerksamkeit der Medien, die für sie lustige Fragen zu Essgewohnheiten und Hobbies der Spieler hatten und eher selten mit einem sportlichen Anspruch fragten. Kein Wunder, die allgemeine deutsche Presse hatte mit American Football doch recht wenig am Hut und kannte sich in der Materie nicht aus. Auch wenn die Bills zu der Zeit eines der besten Teams der NFL waren. Von 1991 bis 1994 erreichten sie viermal hintereinander den Super Bowl. Leider stellten sie dann auch einen einsamen Rekord auf, in dem sie aller vier Endspiele verloren. Da ich ja fast rund um die Uhr für die Bills zur Verfügung stand, kamen nach einigen Tagen die Spieler von sich auf mich zu und begannen, sich über Berlin zu erkundigen: wo könne man einen guten Hamburger essen gehen? Welche deutschen Spezialitäten ich empfehlen könne oder wo man am besten Souvenirs einkaufen kann. Ich führte einige Spieler in ein typisch deutsches Restaurant und erklärte ihnen, was es auf der Speisekarte außer Sauerkraut noch so gab. Als sie mitbekamen, dass ich selber Football spielte, gab es eine Gegeneinladung zum gemeinsamen Workout im Gym.

Ich wusste erst nicht, ob ich mir die Blöße geben sollte, da ich ja nie wirklich der größte Eisenpumper war. Beim Oberkörper legte ich auch nie den großen Wert darauf, die schwersten Gewichte zu bewegen und den dicksten Arm zu haben. Da beließ ich es meistens bei dem notwendigsten und konzentrierte mich auf die Beine, denn die halfen mir auf dem Feld deutlich weiter. Als mich dann aber die beiden WR Andre Reed und Steve Tasker zum gemeinsamen Training einluden, konnte ich ja schlecht absagen. Reed war der beste Receiver der Bills, noch heute ist er in der Liste der meisten Passfänge in Super Bowls mit 27 in vier Spielen die Nummer zwei der gesamten NFL-Geschichte hinter Jerry Rice. Und Steve Tasker war einer der besten Special-Team-Spieler seiner Zeit. Obwohl er nur 1,75 m groß ist, wurde er sieben Mal in den Pro Bowl als Spezialist gewählt.

Mit den beiden ging es dann also an die Gewichte. Ich wusste, ich könne mich nur blamieren. Aber der Ehrgeiz, nicht ganz wie ein Strohmännchen dazustehen, ließ mich meine beste Leistung abrufen. Wobei das im Verhältnis zu den Profis immer noch überschaubar war. Bei den Armcurls und Bankdrücken ließ ich den beiden vornehm den Vortritt. Immerhin konnte ich die 220 Pfund, also 100 kg, ein paarmal stemmen, sodass ich nicht völlig blass blieb. Allerdings waren die fast 20 Wiederholungen die Tasker auf der Bank drückte für mich völlig außer Reichweite. Da sah ich deutlich den Unterschied zwischen Amateur und Profi. Bei den Kniebeugen konnte ich dagegen voll mithalten. Was auch kein Wunder war, da ich diese Übung jeden Winter bis zum geht nicht mehr trainierte. Wir hatten zusammen einen Mordsspaß, auch wenn ich danach völlig platt war. Am Freitag hatten die Spieler, nach einem kurzen Walk-through-Training, frei.

Mike Lodish, ein Spieler der Defensive Line, dem ich während der Busfahrten zum und vom Training des Öfteren die Berliner Sehenswürdigkeiten an denen wir vorbeifuhren erklärte, kam auf mich mit einem speziellen Wunsch zu. „Ich möchte gerne mit einem Porsche über die deutsche Autobahn fahren!", teilte er mir nach dem Mittagessen mit. Erstaunlich dabei fand ich nur wie aktzentfrei er „deutsche Autobahn" sagen konnte. Sein Hintergrund war, dass er zu Hause in Buffalo einen Porsche in der Garage stehen hatte, den auf den amerikanischen Straßen aber nicht annähernd ausfahren konnte. Ich machte mich auf die Suche nach einer Autovermietung, die einen Porsche im Programm hatte. Dabei stieß ich jedoch auf einige Probleme. Die einzige Vermietung die aktuell solch einen Wagen im Portfolio hatte, wollte einen deutschen Führerschein und zwei Kreditkarten zur Hinterlegung. Da ich meinen Führerschein nicht dafür hergeben wollte und konnte, riet ich Mike, dass er lieber einen BMW 750i mieten sollte. Ich konnte ihn davon überzeugen, dass es bequemer sei und er auch mit dieser Kiste schnell fahren konnte.

So gingen wir gemeinsam zur Station und holten den Wagen ab. Von der Innenstadt ging es auf die Stadtautobahn und über den Berliner Ring Richtung Rostock. Die A19 war eine der Strecken, die damals ohne Tempolimit befahrbar war. Mike saß hinter dem Steuer und grinste wie ein Honigkuchenpferd. Als die Straße frei und das Tempo aufgehoben war, drückte er so sehr aufs Gas, dass wir beide in die Sitze gedrückt wurden wie bei einem Raketenstart. Er beschleunigte bis auf 250 km/h und fragte mich immer wieder, wieviel Meilen pro Stunde das jetzt waren. Das Umrechnen lenkte mich von der Geschwindigkeit ab. Mit der Geschwindigkeit hätte ich kein Problem gehabt, wenn ich selber am Steuer gesessen hätte. Das hatte ich vorher schon einige Male gemacht. Aber das mit jemandem, der noch nie in so einem Auto auf einer normalen Straße so schnell unterwegs gewesen war, gab mir schon ein mulmiges Gefühl. Zum Glück erwies sich Mike als guter Fahrer, und er meisterte die Situation vorbildlich. Kurz vor Rostock gab es einen Stau und wir beschlossen, wieder umzudrehen. Als wir wieder in der Budapester Str. in Berlin Tiergarten ankamen, waren für die fast 400 km lange Strecke hin und zurück, gerade einmal 2 Stunden vergangen.

Zurück im Hotel warf mir Mike die Autoschlüssel zu und fragte mich, ob ich den Wagen wegbringen kann. Er müsse zum Meeting. Der Mann hatte ein Grundvertrauen. Ich fuhr den Wagen aber nur noch um die Ecke zurück zum Vermieter, obwohl er eigentlich erst am nächsten Tag hätte zurückgegeben werden müssen. Als Dankeschön kam Mike am nächsten Tag kurz vor dem Spiel zu mir und fragte, was er mir Gutes tun kann. Er ging mit mir zum Equipment Manager und ich sollte mir was aussuchen. Ich entschied mich für ein paar Football-Schuhe und ein paar Receiver-Handschuhe jeweils in den Farben der Bills. Die passten zwar überhaupt nicht zu unserem Schwarz, Gelb und Weiß, aber hey, wer hatte dafür schon Original-Buffalo-Bills-Equipment. Ich durfte mir dann für das Spiel eine Jacke nehmen. Die Coaches sagten mir, wenn ich schon in der Teamzone stehe, dann soll ich auch so aussehen, als wenn ich wirklich zum Team gehöre.

Während des Spiel hatte ich nicht viel zu tun. Ich schaute zu, was auf dem Feld so passierte, schlenderte durch die Teamzone und beobachtete das professionelle Treiben. Das war schon ein bisschen was anderes als bei uns. Es liefen ca. 15 Coaches an der Seitenlinie rum und oben unter dem Dach des Stadions saßen noch einmal 6 oder 7. Dazu kamen jede Menge Betreuer und medizinisches Personal. Wie bei allen Spielen der Pre Season wurden auch diesmal die Stars schnell auf die Bank gesetzt, um die zweite und dritte Reihe zu testen. Andre Reed und der Runningback Thurman Thomas winkten mich zu sich, als sie quasi Feierabend hatten, und sagten mir, dass sie Hunger hatten, aber an der Seitenlinie nichts zu essen zu bekommen war.

Da fiel mir ein, dass unsere Jugendspieler als Balljungen und Helfer für die Materialwarte der Mannschaften eingesetzt waren. Ich schlug Reed und Thomas vor, dass ich einen der Jungs aufs neben dem Stadion liegende Maifeld schicken kann. Dort war für die Power Party vor dem Spiel und die Verköstigung der Zuschauer in der Halbzeit jede Menge Junkfood-Catering aufgebaut. Das fand großes Gefallen. Hot Dogs wären jetzt genau das Richtige. Also gab ich einem der Balljungen 20 D-Mark in die Hand und schickte ihn los, so viele Hot Dogs zu besorgen wie er dafür bekam. Als er zurückkam, nahmen sich die Spieler ihre Regencapes, verzogen sich auf die hinterste Ecke der Bank und ließen sich den Snack schmecken.

Das Spiel ging für die Bills mit 6-20 verloren, aber das interessierte keinen wirklich, der aus Buffalo mitgekommen war. Wie es der Headcoach schon bei der Ankunft gesagt hatte, ging es jetzt nur noch darum, so schnell wie möglich wieder nach Hause zu kommen. Es gab noch ein paar nette und warme Abschiedsworte von Spielern, Coaches und Offiziellen an mich, verbunden mit der obligatorischen Einladung: „Wenn du mal in der Nähe bist, komme vorbei und besuche uns. Wir laden dich gerne zu einem Spiel ein!" Wie oft ich die Worte aus einem amerikanischen Mund gehört habe. Eingelöst habe ich diese Einladung leider nie.

Der Lohn des Erfolgs: **Roman Motzkus** *1991 in Hamburg*

In jugendlicher Pracht: Roman Motzkus *1990 in Rimini*

Die Karriere neben der Karriere

Schon früh während meiner aktiven Zeit hatte ich Kontakt zu den Medien. Zu Beginn war es meine Cinderella-Story, wie ich innerhalb von 12 Monaten von der vierten Liga bis in die Nationalmannschaft durchmarschierte. Das und der Fakt, dass ich Punkte in den Spielen erzielte, machten mich zu einem beliebten Gesprächspartner für die Presse. Vielleicht waren die Reporter dann auch überrascht, dass ich flüssig sprechen konnte und ihre Fragen nicht nur einsilbig mit Ja oder Nein beantwortete. Es kamen immer mehr Anfragen und es wurden sogar Homestorys über mich geschrieben. Dabei kamen natürlich immer wieder Fragen auf, wie man überhaupt zum Football kam und was so besonders an diesem Sport war. Das waren schnell Standards, die ich einfach beantworten konnte. Durch Zufall ein Spiel gesehen, einen Freund gehabt, der schon spielte und die Freundin wollte Cheerleader sein. Ein gefundenes Fressen für die Boulevardpresse.

Das Thema Frauen war natürlich immer interessant und ich zahlte einiges an Lehrgeld. Als mich ein Reporter mal zu meinen Trainingsmethoden fragte und warum ich mit dem ovalen Ball so gut zurechtkomme, habe ich ihm geantwortet, dass da ganz viel Training dahintersteckt. „Ich nehme den Football sogar mit nach Hause, lege mich auf mein Bett, werfe ihn mit einer Hand hoch und fange ihn mit der anderen. So trainiere ich meine Hände und das Timing den Ball zu fangen." Daraus wurde dann die Schlagzeile des Artikels: „Roman Motzkus: Das Ballgefühl habe ich im Bett trainiert!" Zweideutiger konnte man es nicht formulieren. Die Sprüche in der Kabine kann man sich vorstellen. Auch ein anderer Artikel, der kurz vor dem German Bowl in Hamburg 1991 erschien, ließ mich in einem ganz tollen Licht erscheinen: die BILD Zeitung hatte die Überschrift „Football-Playboy Motzkus: Er kann seine Frauen nicht mehr zählen". Dabei fragte mich der Reporter nur, ob ich eine Freundin habe und wie viele feste Beziehungen ich schon hatte. Da war ich 22 Jahre alt und antwortete sinngemäß, dass ich nicht genau weiß, was man als feste Beziehung bezeichnen kann und damit nicht wusste, wie viele es waren. Bis dahin waren es gerade mal ein oder zwei ernsthaftere. Im Moment sei ich Single und daraus wurde dann, dass ich „meine Liebschaften nicht mehr zählen konnte".

Das waren ja alles noch ganz harmlose Geschichten. Aber eine Meldung machte mir dann doch ganz schön zu schaffen und veranlasste mich, nie wieder mit diesem Reporter zu reden. Ich habe im Sommer 1990 eine große Dummheit begangen, die aber nicht an die Öffentlichkeit geraten ist. Jedenfalls nicht sofort. Nach einem Training lud mich ein guter Freund ein, seinen Schritt in die Selbstständigkeit zu feiern. Ich kam direkt vom Platz und sagte zu, kurz vorbeizukommen. Der Ort für seine Party lag direkt auf dem Weg nach Hause. Ich lud noch schnell eine guten Freund von mir ein und wir fuhren zusammen ins Joe am Wedding. Schnell war klar, dass die Party nicht nur kurz ging und ich hatte mit meinem Kumpel Stephan ausgemacht, dass ich bei ihm übernachten kann und nicht mehr mit dem Auto quer durch die Stadt nach Hause fahren muss. Soweit der Plan. Jedoch kam es ganz anders. Nach dem dritten oder vierten Weltfrieden, einer Bowle-

Schüssel voller Wodka Lemon, die per Strohhalm getrunken wurde, verloren wir die Kontrolle. Stephan schlief am Tisch ein, und ich hatte einen kompletten Filmriss. Als ich am nächsten Morgen aufwachte, wunderte ich mich, dass ich in einem Bus saß und ein Pflaster an meinem rechten Arm hatte. Das einzige voran ich mich schemenhaft erinnern konnte war ein enger Raum und ein paar Gitterstäbe. Ich kramte mein Geld zusammen und nahm ein Taxi nach Hause. Dort war meine Mutter, ich wohnte noch bei meinen Eltern, in heilloser Aufregung. Ich konnte allerdings nicht mit ihr reden und legte mich erst mal ins Bett.

Im Nachhinein rekonstruierte ich mit Hilfe meiner Freunde, was in dieser Nacht noch passiert war. Als Stephan eingeschlafen war, bin ich zu meinem Auto gewankt und wollte nach Hause fahren. Keiner der anderen hatte bemerkt, dass ich los bin und dass ich noch meinen Autoschlüssel in der Tasche hatte. Ich weiß davon bis heute nichts. Ich muss wohl ohne Unfall über die Stadtautobahn und bis zu der damaligen Ausfahrt Sachsendamm gekommen sein. Damals war dies das Ende der innerstädtischen Berliner Autobahn. Da ging es dann eine kleine Steigung hoch, und in der Mitte gab es keine Leitplanke. Da muss ich mit meinem Auto in den Gegenverkehr gekommen sein und habe wohl einen entgegenkommenden Wagen gestreift. Dabei ist die Vorderachse meines Wagens gebrochen und ich bin am Ende der Steigung rechts auf dem Bürgersteig gestrandet. Wie gesagt, das wurde mir im Nachhinein so geschildert, ich habe davon nichts mitbekommen. Durch Zufall fuhr ein anderer Freund hinter mir und erkannte mein Auto. Er blieb stehen und kümmerte sich um mich. Ich konnte nicht mal aus dem Auto aussteigen. All das führte natürlich zu einem Verfahren und Führerschein-Entzug. Was nur komisch war, dass der angeblich ebenfalls in den Unfall verwickelte Fahrer sich nie bei mir oder meiner Versicherung gemeldet hat. Anscheinend muss der genauso so fertig gewesen sein wie ich, oder es gab keinen Unfallgegner und ich habe das Auto alleine geschrottet. Wer weiß.

Das alles passierte im Frühjahr 1990, also mitten in der Saison. Niemand von der Presse hatte davon etwas mitbekommen und das war mir auch ganz recht so. Ich wusste, was für einen Bockmist ich gebaut hatte und wie viel Glück ich hatte, die Situation überhaupt überlebt zu haben und niemanden anderen geschädigt zu haben. Im September war dann meine Gerichtsverhandlung, ich erhielt 9 Monate Fahrverbot plus die Zeit die ich schon seit dem Unfall ohne Führerschein war. Ich weiß noch, wie es danach dann rauskam. Ich war so naiv, dem Reporter im Vertrauen das zu erzählen, weil ich dachte, er wäre inzwischen mehr als nur irgendein Schreiberling. Ich bat ihn darum, das nicht zu veröffentlichen. Machte er auch erst mal nicht. Aber dann, als wir das Endspiel in Hamburg gewonnen hatten, brachte er die Geschichte exklusiv ein paar Tage nach dem German-Bowl-Gewinn im Oktober. Und zwar so, als ob ich nach der Feier der Meisterschaft gefahren wäre. Dazu kam das dann bundesweit. Sogar mein Bruder, der gerade im Urlaub in der Türkei war, las den Artikel am Pool seines Hotels. Mir ging es dabei nicht darum, dass die Geschichte geschrieben wurde, ich habe das ja getan und muss mit den Konsequenzen leben. Aber die Dreistigkeit, mir ins Gesicht zu lügen, dass er es nicht schreiben würde und dann Monate später die Wahrheit auch noch zu verdrehen, veranlasste mich, nie wieder mir diesem Menschen zu reden.

Dabei waren mir die Medien allgemein nicht fremd bzw. kam ich sonst mit vielem davon gut klar. Es war ja nicht so, dass man beim Einkaufen oder im privaten Umfeld ständig angesprochen wurde. Durch den Helm und die Pads kannte kaum jemand unser ziviles Aussehen. Mein erster Studentenjob brachte mich dann 1990 selbst mit dem Thema Presse in Berührung. Wenn auch anfänglich noch eher am Rande. Für den privaten Radiosender „Hundert,6" bekam ich über die Kontakte meines Mannschaftskameraden Jörg Opuchlik – ja genau der, der jetzt auch einer meiner Kollegen bei ranNFL ist – einen Job als Promoter. Dabei mussten wir in einem Auto sitzen und für eine Aktion zur deutschen Wiedervereinigung Aufkleber verteilen. Zu zweit in einem Auto und die Hörer mussten uns suchen und zu uns kommen. Einfacher ging es nicht. Wir stellten das Auto so, dass die Suchenden nur von einer Seite herantreten konnten. Dann konnte einer ein Nickerchen machen und der andere verteilte bei Bedarf die Aufkleber. Und da sagten doch meine Eltern vorher immer, ich könne mein Geld nicht im Schlaf verdienen. Aus dem Promotion-Job wurde dann eine Arbeit als Sendeassistent und Sendeleiter. Später ging es für mich dann in die Nachrichtenredaktion, wo ich selber

Interviews führte und redaktionelle Aufgaben übernahm. Da der Aufwand nicht sehr groß war, Minimum lediglich zweimal die Woche je acht Stunden, blieb ich dort bis 1996. Fast gleichzeitig mit dem Beginn meiner Tätigkeit beim Radio fing die Schreiberei für mich an.

Anlässlich des ersten American Bowls im Berliner Olympiastadion, bei dem die Los Angeles Rams ein Testspiel der Pre Season gegen die Kansas City Chiefs bestritten, fragte mich Ronald Toplak, ein Redakteur der BZ, ob ich nicht eine Kolumne über die Trainingstage und das Spiel schreiben möchte. Da ich so etwas noch nie gemacht hatte, fragte ich erst mal erstaunt, ob ich das selber schreiben muss. Er antwortete mir: „Wenn du Lust hast, kannst du es selber schreiben und wir korrigieren es dann auf Länge und Stil." So viel mussten sie gar nicht verändern, lediglich ab und zu mal kürzen, oder eine Formulierung ändern. So begann die erste eigentliche journalistische Arbeit.

Zur selben Zeit wurde ich von einem Redakteur der Premiere-Sportredaktion angesprochen. Premiere ist der Vorgänger des heutigen bekannten deutschen Bezahlfernsehens. Der damalige Leiter der Sportredaktion, Reinhold Beckmann, hatte die Aufgabe, eine wöchentliche Football-Show zu produzieren. Der Verantwortliche dafür war Dirk Froberg, der mich beim Training der NFL-Teams auf dem Berliner Maifeld ansprach, ob ich Lust hätte, dabei mitzuhelfen. Anfänglich war davon die Rede, dass ich nur bei dem Kommentar der 50-minütigen Zusammenfassung eines Spiels zuhören soll und die Kommentatoren bei den Fachbegriffen und bei der Erkennung der Spielsituationen unterstützen sollte. Im Laufe der Saison durfte ich dann die 10 Minuten Zusammenfassung der anderen Spiele des Spieltages erst schreiben und dann sogar selber einsprechen. Dafür wurde ich dann regelmäßig sonntags zur Übertragung von Berlin nach Hamburg geflogen. Ja, richtig gelesen: geflogen. Die Bahnstrecke war noch nicht ausgebaut, einen ICE gab es noch nicht und meinen Führerschein hatte ich ja zu der Zeit gerade beim Polizeipräsidenten deponiert. Die Zeit bei Premiere war aufregend, aber leider auch schnell vorbei. Da ich nicht das Standing eines World-League-Spielers hatte, sondern nur ein recht junger Bundesliga-Footballer war, kam ich nicht zu weiteren Einsätzen. Aber die Grundlage war gelegt und die ersten Erfahrungen am Mikrofon gesammelt. Durch den Job beim Radio und die regelmäßigen Kolumnen zu den American Bowls blieb ich in Übung.

Zum Ende meiner sportlichen Laufbahn wurde ich dann immer öfter auch als Reporter eingesetzt. Ich schrieb mal für eine Tageszeitung über ein Auswärtsspiel von uns, oder machte beim Radio kurze Beiträge für die Sportredaktion. Doch bevor es richtig los ging mit der Arbeit als rasender Reporter stand ein weiteres Kapitel meines Football-Lebens an.

Das Abenteuer Berlin Thunder

So richtig los ging es dann, als ich 1998 nicht mehr aktiv war. Ich erwähnte ja schon, dass ich von der *NFL Europe* angesprochen wurde, um den Job des Pressesprechers zu übernehmen. Ich hatte mir ja eigentlich gesagt, dass ich mit der NFL Europe nichts mehr zu tun haben wollte. Aber das war erstens schon lange her, und zweitens betraf das ja die Zeit als aktiver Spieler. Damals wäre es ja nur ein drei- bis viermonatiges Engagement gewesen, und die Verdienstmöglichkeiten waren im Vergleich zu dem Aufwand doch sehr überschaubar. Da ging es für die deutschen Spieler eher um die Möglichkeit, unter professionellen Bedingungen zu trainieren und sich weiterzuentwickeln. Davon leben konnte eigentlich keiner, und den Sprung zu einem Team der NFL hat auch keiner richtig geschafft, jedenfalls nicht in den aktiven Kader. Da war das Angebot, im Frontoffice zu arbeiten und die Presseabteilung eines neuen Teams aufzubauen, schon verlockender. Vor allem, weil es ein typischer deutscher, unbefristeter Arbeitsvertrag war, der mir vorgelegt wurde. Und das Gehalt war für einen Neuling und Quereinsteiger in den Job auch sehr ordentlich. Ich habe in den drei Monaten der Saison mehr verdient als ein Spieler. Aber mein Vertrag war ja fürs ganze Jahr. Da blieb also mehr hängen. Und außerdem tat der Job im Anzug auch nicht so doll weh wie der mit Helm und Shoulderpads.

Der Job begann ca. ein Jahr bevor Berlin überhaupt sein erstes Spiel in der NFL Europe spielen würde. Kurz nach dem Angebot der Liga kam auch die größte Berliner

Boulevardtageszeitung auf mich zu und fragte mich, ob ich als Reporter für sie über das Berliner Team und die NFL Europe schreiben wolle. Da ich aber schon auf der anderen Seite zugesagt hatte, fiel diese Option vorerst flach. Zum World Bowl 1998 sollte offiziell verkündet werden, dass Berlin eine Mannschaft der NFL Europe bekommt. Das Team in London sollte geschlossen werden und in Berlin unter neuem Namen neu an den Start gehen. Dabei hatte das Team Berlin zu diesem Zeitpunkt weder einen offiziellen Namen noch Farben oder Logo. Ich wurde mit nach Frankfurt eingeladen und sollte mich schon mal um die Berliner Pressevertreter kümmern. Die meisten, die über Football in der Stadt berichteten, kannte ich ja noch aus der Situation, dass sie mir Fragen zum Spielverlauf, Sieg oder Niederlagen stellten. Deshalb konnte ich auch die wichtigsten Zeitungen, Radiostationen und lokalen Fernsehender direkt im Vorfeld ansprechen und sie zum World Bowl nach Frankfurt einladen.

Bei der offiziellen Bekanntgabe wurde dann Michael Lang als General Manager vorgestellt. Michael war kein Unbekannter in der Football-Szene. Er spielte selber vor einigen Jahren bei den Ansbach Grizzlies und war vor seinem Engagement in der NFL Europe beim deutschen Sportfernsehen als Moderator unter anderem der Football-Übertragungen tätig. Es wurde ein Wettbewerb ausgerufen, in dem die Fans Vorschläge machen sollten, wie das Team in Berlin heißen soll. Im Herbst sollte dann die offizielle Bekanntgabe des Namens und des Logos erfolgen. Die Reporter wurden natürlich nicht nur zur

Pressekonferenz anlässlich der Bekanntgabe des neuen Teams eingeladen, sondern auch zum Endspiel selber und der anschließenden Feier in der Hotelbar. Als besonderer Gast war Ronnie Lott beim World Bowl eingeladen. Wohl einer der härtesten Hitter in der Geschichte der NFL. Der ehemalige Safety aus der Golden Area der San Francisco 49ers Anfang der 90er Jahre war als Kommentator für den amerikanischen Sender Fox Sports tätig. Fox übertrug alle Spiele der NFL Europe in die USA und produzierte alles vor Ort. Als Lott in die Bar kam, war es wie immer in Deutschland. Nur die Insider wussten, wer da reinkam und raunten hinter vorgehaltener Hand seinen Namen voller Ehrfurcht. Er schien es sichtlich zu genießen und hatte mit seinen Kollegen einen ausgelassenen Abend. Der kurze Smalltalk, den ich mit Ronnie Lott hatte, war sehr nett und höflich. Wenn ich so mit ihm über den World Bowl plauderte, und dass ich es schön fand, dass er mal wieder in Deutschland war, musste ich mir ins Gedächtnis rufen, was für ein harter Hund er auf dem Feld war. Da war er kompromisslos und knallte seine Gegenspieler nur so weg wie die Büchsen beim Werfen auf dem Rummelplatz.

Der Abend klang langsam aus und ich musste dann doch wirklich noch mal in meiner Funktion als zukünftiger PR Director arbeiten. Es war mein Mentor aus den Anfangszeiten des Schreibens, Ronald Toplak, der für seine Zeitung eine Meldung für die nächsten Tage brauchte. Dabei war es wie immer im Boulevardjournalismus, dass es nicht unbedingt darum ging, einen sportlichen Fakt zu liefern, sondern um eine

Geschichte Drumherum, die kein anderer wusste. So grübelten Ronnie und ich über eine Geschichte um das neue Team. Nach einer Weile und einigen Cocktails kamen wir fast gleichzeitig darauf, dass der Fanliebling von Herta BSC, Axel Kruse, gerade seine aktive Laufbahn in der Fußballbundesliga beendet hatte. Mit dem Vorbild von Manfred Burgsmüller bei Rhein Fire, die erfolgreich den ehemaligen Fußballer zum Kicker und Publikumsliebling gemacht hatten, hatten wir eine mögliche Story gefunden. Damit ich mir nicht gleich an meinem ersten, noch nicht mal vertraglich geregelten Arbeitstag gleich ein Ding vom Chef einfing, ging ich mit der Idee zum Ligapräsidenten Oliver Luck und meinem Boss Michael Lang. Ich schlug ihnen die Formulierung vor, dass wir an ihm interessiert seien. Doch sie fanden die Idee so gut, dass sie sofort zusagten, dass wir die Geschichte platzieren sollten. Mehr noch, ich sollte versuchen, ob wir Kontakt zu Axel bekommen, um mit ihm über einen möglichen Vertrag als Kicker zu reden.

Also gab ich Ronnie grünes Licht, aber nur unter der Bedingung, dass er mir die Handynummer von Axel Kruse besorgt. Axel wird zu Beginn überhaupt nichts von seinem Glück gewusst haben. Ein paar Wochen später rief Michael Lang bei ihm an und stellte ihm unsere Idee vor. Es dauerte wiederum nicht lange, da machte ich mich mit einem Helm und einem Football auf zu Axel nach Hause, um ihm zu erklären, wie so ein Football gekickt wird, und was da überhaupt beim Field Goal und Extra Punkt passiert. Wir gingen auf einen Bolzplatz um die Ecke von seinem Haus und er schoss ein paar Bälle anstatt in das

Tor über das Tor. Man wurde sich dann auch recht schnell vertraglich einig und Berlin hatte seinen ersten Spieler.

Die Namensfindung, jedenfalls die offizielle, war immer noch nicht abgeschlossen. Intern war natürlich schon einiges vorbereitet und der Name und das Logo standen schon fest. Doch es sollte eine Überraschung werden, und so durfte keiner etwas nach außen dringen lassen. Als dann der Name Berlin Thunder publik gemacht wurde und das Logo mit dem Donnergott Thor und seinem Kriegshammer Mjölnir zeigte, brach ein Sturm der Entrüstung los. Na ja, nicht wirklich ein Sturm, die meisten fanden es einen guten Namen und ein Logo, das Kraft und Stärke ausstrahlte. Aber es gab einige Medien, die vor allem aus dem Ostteil Berlins kamen, die das Logo in die Nähe von Rechtsradikalen brachten. Als wenn man dann T-Shirts mit dem Donnergott und dem Berlin-Thunder-Schriftzug demnächst auf Veranstaltungen der rechten Szene sehen würde. Gerade mit dem Hintergrund, dass beim Football ein bunter Mix aus Hautfarbe, Religion und Herkunft existiert, fand ich persönlich diese Denkweise ziemlich bescheuert. Es gab heftige Diskussionen mit der Ligaführung in New York, mit den Beteiligten in Berlin und allen die irgendwas mit er Außendarstellung zu tun hatten. Am Ende opferte man den Donnergott im Logo und blieb beim Namen Berlin Thunder. Allerdings nur noch mit dem magischen geschwungenen Hammer.

Nachdem wir nun einen Namen hatten, bezogen wir auch unser Büro. Ich ging für einige Tage nach Frankfurt zur Galaxy, um die Abläufe und Vorgaben der Liga kennenzulernen. Zu Beginn war ich auch offiziell in

Frankfurt angestellt, bis die Berliner Gesellschaft voll einsatzbereit war. Im Herbst und Winter ging es darum, die sportlichen und organisatorischen Voraussetzungen zu schaffen, um ab der Saison 1999 spielfähig zu sein. Dazu gehörte natürlich auch ein Coaching Staff. Als Headcoach wurde uns Wes Chandler gestellt, ein sehr erfahrener ehemaliger NFL-Profi. Als Wide Receiver hatte er zehn Jahre in der NFL gespielt. Von 1978 bis 1988 war er unter anderem für die New Orleans Saints, San Diego Chargers und San Francisco 49ers aktiv. Im Anschluss coachte er schon in der World Leauge und NFL Europe. Dass er als Receiver aktiv war, machte ihn mir doppelt sympathisch. Die NFL stellte ja für die Tochterliga NFL Europe ein gewisses Kontingent an Spielern direkt ab: Die sogenannten allocated Spieler wurden den NFL-Europe-Teams zugeteilt und bildeten das Gerüst der Mannschaft. Der Rest wurde durch ein Draft und die Nationals, also die einheimischen Spieler aufgefüllt. Bei der *Allocation* kam ich dann wieder ins Spiel. Es gab ja einen Spieler, der schon einmal in Berlin war, und danach im Trainingskader eines NFL-Teams untergekommen ist. LB Vernon Strickland spielte 1997 für die Berlin Adler und kannte die Stadt. Ich erzählte Michael Lang von ihm und erwähnte auch, dass er aktuell im Practice Squad der 49ers war. Das qualifizierte ihn für die direkte Zuteilung. Denn genau solche Spieler sollten sich in der europäischen Liga beweisen und zeigen, wie gut sie sind, damit sie Spielanteile bekommen und Game Videos für ihre Scouts und Coaches produzieren konnten. Ich telefonierte ein paarmal mit Vernon und suchte im Auftrag von Michael den Kontakt zum Ligabüro in New York. Die Aufteilung der

Spieler lag in der Verantwortung der internationalen Abteilung der Ligazentrale. Schließlich reiste ich zwischen Weihnachten und Silvester 1998 nach San Francisco, um Vernon zu besuchen. Er hatte inzwischen seine Freundin Makisha geheiratet und lebte in einem Appartement in der Nähe des Training Centers der Niners. Ich durfte bei ihm übernachten und er arrangierte, dass ich das Abschlusstraining vor dem Heimspiel gegen die St. Louis Rams besuchen durfte. Eine Akkreditierung für das Spiel hatte ich über New York bereits reserviert. Ein Vorteil wenn auf der Visitenkarte deines Jobs ein NFL-Logo aufgedruckt ist. Ich fuhr mit Vernon gemeinsam zum Trainingskomplex und musste erst mal eine Weile im Vorraum warten. An den Meetings durfte ich nicht teilnehmen, was auch völlig verständlich war. Ich saß also in der Eingangshalle und schaute mich ehrfurchtsvoll um. Da standen die fünf Super-Bowl-Trophäen in Glasvitrinen und erzählten mir stumm von den glorreichen Zeiten meines Lieblingsteams.

Ich war aufgeregt wie ein kleines Kind an Weihnachten. Nach einer Weile holte mich mein Kumpel ab und führte mich durch das Gebäude auf den dahinterliegenden Trainingsplatz. Es war nur eine leichte Trainingseinheit, da ja am nächsten Tag das Heimspiel gegen St. Louis bevorstand. Ich war auch nicht der einzige Beobachter. Nur ein paar Meter neben mir stand die Kommentatorenlegende John Madden, der das Spiel als Experte am nächsten Tag kommentieren sollte. Nach dem Training stand ich noch etwas am Spielfeldrand rum und schaute mich um. Da kam ein netter Herr mittleren Alters auf mich zu und begrüßte mich per Handschlag: „Du musst der Kerl aus Deutschland sein, der wegen Strickland hier ist. Freut mich dich zu sehen. Hab eine schöne Zeit", sagte der Headcoach der 49ers Steve Mariucci zu mir. Ich war völlig baff und antwortete wie in Trance, dass ich mich freue hier zu sein, und bedankte mich dafür, dass ich zuschauen durfte. Dann war er aber auch schon wieder weg. Vernon kam über beide Backen strahlend auf mich zu und sagte, dass er vom Cheftrainer persönlich die Erlaubnis bekommen hatte und dass es eine kleine Überraschung sein sollte. Anschließend kam noch ein kurzes: „Komm mal mit", und wir gingen in die Umkleidekabine. Da stand ich also im Inner Circle eines NFL-Teams. Vernon zeigte mir seinen Spind und stellte mich seinen Kollegen vor. Dabei haute er ganz schön auf den Putz. „Das ist der deutsche Jerry Rice", sagte er mehr als einmal zu seinen Teamkameraden wenn wir Hallo sagten. Das war mir fast ein bisschen peinlich, weil der echte Jerry Rice ja mit in derselben Kabine stand. Ich setzte mich dann in den Aufenthaltsraum und schaute mir das Spiel der Minnesota Vikings gegen die Tennessee Oilers an. Da es die letzte Woche der regulären Spielzeit war, wurden zwei Spiele bereits am Samstag ausgetragen anstatt wie sonst üblich am Sonntag. Da saß ich und schaute das Spiel, als es hinter mir ein wenig lauter wurde. Es kamen zwei Spieler rein und setzten sich an den Tisch neben mich. Die beiden Quarterbacks Steve Young und Ty Detmer freuten sich über einen Kuchen, den ein Fan abgegeben hatte. Sie boten mir ein Stück an und wir fachsimpelten ein wenig über die Kollegen im Fernseher. All dies war wie ein Traum, es fühlte sich gar nicht real an und passierte doch gerade. Als wir dann auf dem Weg nach draußen waren, kam noch ein Spieler aus der Dusche. Eigentlich nichts erwähnenswertes, passierte ja in der Kabine die ganze Zeit. Aber die physische Präsenz desjenigen, der da durch die Kabine ging, war sofort zu spüren. Ich sah ihn erst nur von hinten und dachte noch so bei mir, dass es wohl einer der Linebacker sein muss, der dort läuft. Doch es war Terrell Owens, ein Wide Receiver, der in seiner Laufbahn einer der schillerndsten Persönlichkeiten der NFL wurde. Zu dem Zeitpunkt war er noch ziemlich am Anfang seiner Karriere, spielte erst das zweite Jahr in der NFL. Seine körperliche Verfassung, das breite Kreuz und die ausgeprägten Muskeln beeindruckten mich aber sehr. Er spielte ja auf derselben Position wie ich früher, und ich war bestimmt kein kleiner Receiver. Neben ihm wirkte ich aber wie ein Jugendspieler.

Das Spiel am Sonntagnachmittag war dann noch mal ein Highlight für mich. Ich hatte einen reservierten Platz in der Pressekabine auf dem mein Name und NFL-Europe stand. Außerdem hatte ich einen Field Pass und durfte sogar während des Spiels an die Seitenlinie und neben die Teamzone der Niners. Die erste Halbzeit schaute ich mir gemütlich aus der Pres Box an. Dann zog es mich aber an die Sideline. Die zweite Hälfte stand ich nun direkt neben den Spielern und hatte die Perspektive, die ich in den zehn Jahren meiner Laufbahn am liebsten hatte. Vernon durfte als Mitglied des *Practice Squad* nicht aktiv am Spiel teilnehmen und stand in der Teamzone. Sein Position Coach Richard Smith fragte ihn, wer denn der wichtige

Mensch da ist, mit dem er gerade geredet hatte. Dabei meinte er mich. Smith sagte zu ihm: „Ich bin seit zwei Jahren hier und habe es noch nicht geschafft, jemanden während des Spiels an der Seitenlinie zu haben." Vernon grinste nur und sagte, dass sei der Typ aus Deutschland, der ihn zu Berlin Thunder holen will. Smith nickte nur anerkennend. Nach dem Spiel, das die 49ers mit 38-19 gewannen und nachdem sie mit 12 zu 4 Siegen in die Playoffs einzogen, nahm mich Vernon direkt mit in die Kabine.

Normalerweise ist der Zugang für Presse und Medienvertreter erst nach einer Cool-Down-Zeit von 5 bis 10 Minuten freigegeben. Da ich aber schon das ganze Wochenende einen Sonderstatus hatte, störte sich keiner daran, dass ich direkt mitkam. Ich hörte mir die Ansprache von Headcoach Mariucci an und wunderte mich über die doch recht abgewrackte und irgendwie provisorisch wirkende Kabine im Candelstick Park. Die Kabine lag direkt unter der Tribüne und die Decke war nackter Beton der Stufen und Tribünen. Es wirkte alles alt und irgendwie schäbig. Ich stand dann noch eine Weile in der Kabine und schaute mich in Ruhe um.

Da kam plötzlich mein Idol an mir vorbei: Jerry Rice, der Beste seiner Zunft. Ein kurzes Hallo und Kopfnicken war alles was ich rausbekam. Danach standen wir noch auf dem Parkplatz und unterhielten uns mit Freunden und Fans. Einige fragten nach Autogrammen der Spieler. Vernon hatte nichts Besseres zu tun, als ihnen die Geschichte vom deutschen Jerry Rice zu erzählen. Dann durfte ich auch noch Autogramme geben. Nach dem kurzen aber erfolgreichen Roadtrip war es keine Überraschung mehr, dass Vernon Strickland einer unserer ersten allocated Player der Saison 1999 war.

Wieder zurück in Berlin wartete jede Menge Arbeit. Die Super-Bowl-Party musste vorbereitet werden, die Einladungen für das Trainingscamp nach Florida mussten verschickt werden und als wichtigstes musste der Media Guide erstellt werden. Jeder Spieler, Coach und einige Front-Office-Mitarbeiter wurden mit einem eigenen Text in Deutsch und Englisch vorgestellt. Die englischen Texte der Spieler konnte man sich größtenteils aus den Webseiten der Universitäten und NFL-Teams holen. Jedoch gab es dann immer noch die Aktualisierungen. Es fielen ja auch mal Spieler raus oder kamen neu dazu. So ein kompletter Guide war echte Arbeit. Nur gut, dass ich diese nicht ganz alleine machen musste. Ein Freund von mir stellte mir einen Bewerber vor, der gerne ein Praktikum machen wollte. Ein Student der Sport und Amerikanistik studierte. Genau was ich brauchte. Ein Glücksgriff. Außerdem verstanden wir uns nicht nur beruflich sehr gut, sondern auch privat. Und ich bin froh, Maik heute noch meinen Freund nennen zu dürfen. Wir hatten wirklich eine Menge zu tun. Es gab ja keine Vorjahresausgabe, auf die man aufbauen konnte. Nach dem Super Bowl Anfang Februar ging es dann so langsam ans Eingemachte. Der erste *Draft* Day für Berlin Thunder stand an. Wir luden die Berliner Journalisten in unser Büro in Wilmersdorf ein und hatten uns per Telefon in die Konferenz eigewählt. Die Coaches der sechs Mannschaften gaben reihum ihre Wahl der jeweiligen

Spieler bekannt. Mit den zugeteilten, selbst ausgewählten und den einheimischen Spielern ging es dann nach Orlando, Florida ins Trainingslager. Zu Beginn konnte keiner wirklich vorhersagen, was aus der bunt zusammengewürfelten Truppe werden würde. Es gab einige, die quasi von der Straße aus verpflichtet wurden. Das waren Athleten, die nicht aktuell in einem NFL-Kader waren, oder solche, die sich unter realen Bedingungen empfehlen sollten.

Zu Beginn des Camps stellte Wes Chandler die Weichen. Nur 48 Spieler, davon acht deutsche, sollten die Reise nach Berlin mitmachen. Das bedeutete, wer nicht mitzieht und nicht flexibel ist, fliegt raus. Die Flexibilität war vor allem auf die zu spielenden Positionen bezogen. Da eine Offense und Defense ja jeweils elf Spieler enthält, konnte nicht jede Position doppelt besetzt werden. Denn die 48er-Grenze beinhaltete auch die Kicker und Punter. Jeder Spieler musste erst mal zur Dopingprobe. Dabei wurde nicht nur nach Anabolika oder ähnlichem gesucht, sondern auch nach den klassischen Drogen wie Haschisch oder Kokain. Kein Spieler aus unserem Kader wurde positiv getestet. Jedenfalls gab es keinen offiziellen Fall. Das war schon mal gut. Ich unterhielt mich so oft es ging mit den Spielern, um ein wenig über ihren Werdegang zu erfahren. Ein paar Tage später sollten die Journalisten aus Berlin eintreffen, die wir zum Trainingscamp nach Orlando eingeladen hatten. Bis dahin musste ich ja wissen, mit wem ich es zu tun hatte und was vielleicht eine interessante Geschichte ist. Es war vorgesehen, dass ich fast die gesamte Zeit des Trainingslagers vor Ort bleiben sollte. Insgesamt waren es vier Wochen. Davon war eine Woche die Betreuung der Berliner Presse vorgesehen. Da ich ja nicht gleichzeitig für Thunder und die BZ arbeiten konnte, die mich ja schon angesprochen hatte, ob ich für sie wie früher schon mal schreiben möchte, hatte ich einen guten Freund und ehemaligen Teamkamerad von den Adlern, Dirk Kossack, dorthin vermittelt. Mit Dirk wusste ich wenigstens, dass nicht zu viel fachlicher Blödsinn in den Artikeln stehen würde. Außerdem war es sehr lustig, mit ihm in Florida noch ein paar Tage mehr als die fünf die Thunder für die Journalisten vorgesehen hatte zu verbringen. Die BZ ließ sich nicht lumpen und spendierte ihm und der Redakteurin noch ein paar Tage länger. Meine Aufgabe war es in erster Linie, die Infos aus dem Camp zusammenzustellen und eine tägliche Pressemitteilung nach Deutschland zu schicken.

Für die amerikanischen Kollegen vor Ort war ich aber auch der Ansprechpartner, wenn es darum ging, Interviews mit den Spielern zu vereinbaren oder sie an Pressekonferenzen teilnehmen zu lassen. Es waren vor allem die Haussender FOX Sports und NFL Films, die die bekannteren Spieler interviewen wollten. Einer der vier Quarterbacks war Andre Ware. Im College einer der besten seines Jahrganges hat er den Sprung in die NFL nie so wirklich geschafft. Obwohl er 1989 die *Heisman Trophy* gewann, die Auszeichnung des besten College-Spieler des Jahres, schaffte er den Durchbruch bei den Detroit Lions nicht. Er wurde in der ersten Runde 1990 gedrafted, blieb bis 1993 bei den Lions und tingelte dann durch die NFL und war sogar drei Jahre in der Canadian Football League. 1998 war er ganz raus aus dem Geschäft und dann kam er zu Berlin Thunder. Bei uns sollte er seine letzte Chance bekommen, zu zeigen, dass er mehr als nur ein Bankwärmer ist. *NFL Films* produzierte ein längeres Interview mit ihm und hoffte auf ein spektakuläres Comeback. Leider spielte er insgesamt nur fünf Spiele für Thunder und beendete nach der Saison seine aktive Laufbahn. Ein anderes, positiveres Beispiel war unser Kicker, David Akers. Er war 1998 als Free Agent in der NFL unterwegs und niemand wollte ihn so wirklich haben. Er wurde schließlich nach der Saison von den Philadelphia Eagles unter Vertrag genommen und nach Berlin geschickt. Im Camp hatte ihn noch niemand so wirklich auf der Rechnung. Da schauten unsere deutschen Schreiber eher auf Axel Kruse und wie er sich im neuen Metier schlug.

Akers überzeugte restlos und wurde im Anschluss zu einem der besten Kicker der gesamten NFL. Sechsmal wurde er in den Pro Bowl gewählt und er knackte einige NFL-Rekorde. Unter anderem stellte er 2012 den Rekord für das längste Field Goal der NFL mit 63 Yards ein. Inzwischen hat ihn allerdings Matt Prater um einen Yard übertroffen. An diesen beiden Beispielen kann man gut sehen, wie breit das Leistungsspektrum in der NFL Europe war. Es waren viele gute Athleten dabei, die sich durch gute Leistungen den Sprung in die NFL erarbeiten wollten. Allerdings waren auch einige nur Football-Touristen, die für ein paar Dollar eine nette Zeit in Europa erleben wollten und ein bisschen Football knödeln. Natürlich war es für mich Gold wert, dass ich Vernon im Team hatte. Nicht nur, dass er den Spielern in Berlin durch seine Vorkenntnisse helfen konnte, sich zurecht zu finden, nein auch im Camp war es sehr hilfreich, ein bekanntes Gesicht unter den vielen neuen Spielern zu haben. Dadurch fiel es mir leichter, mit den anderen ins Gespräch zu kommen. Dafür bot sich zum Beispiel ein Talk während der Mittagspause oder am frühen Abend an, wenn wir gemeinsam draußen am Pool saßen oder uns in der Lobby trafen. Auch seine Erfahrungen in der Jugendzeit, als er den Blutkrebs besiegte, war eine Story, die die Presse gerne hören wollte. Sowohl die amerikanischen als auch die deutschen Kollegen.

Das Essen war ein ganz besonderes Thema. Man kann sich vorstellen, dass Football-Spieler eine ganze Menge zu essen brauchen. Allerdings in sehr unterschiedlichen Zusammenstellungen. Da gab es die Sprinterfraktion, die als Runningback, Receiver oder auch Defensive Back eher auf protein- und vitaminreiche Nahrung setzen sollten. Und dann natürlich eher die Kraftpositionen wie Offensive und Defensive Line. Die Kerle waren kaum unter 1,90 m groß und wogen zwischen 120 bis 150 kg. Die brauchten jede Menge Kohlenhydrate und Eiweiß. Soweit die Theorie. Damit ja nichts falsch gemacht wird beim Essen, haben wir sogar den Koch des Teamhotels in Berlin nach Florida einfliegen lassen. Die gesamte Mannschaft blieb ja für die drei Monate der Saison gemeinsam in einem Hotel und wurde dort Fulltime versorgt. Und da jeder weiß, dass Hunger schlimmer ist als Heimweh, und schlechtes Essen die Moral der Truppe untergräbt, wollten wir auf Nummer sicher gehen. Was der Koch dann allerdings im Teamhotel in Florida zu sehen bekam, waren größtenteils Mahlzeiten, die er auch in jedem amerikanischen Diner hätte bestellen können. Denn was am besten an dem täglichen Buffet wegging, waren Nudeln, Pizza, Burger und Hotdogs. Ach und Pommes natürlich. Wenn man das so gesehen hat, konnte man sich kaum vorstellen, dass dort Sportprofis am Tisch saßen. Es gab aber auch Ausnahmen, die sich vegetarisch und vor allem sehr gesund ernährt haben. Der Speiseplan in Berlin wurde dann doch an das Verhalten der Spieler im Camp angepasst.

Der härteste Teil der gesamten Vorbereitung kam dann kurz vor dem Ende. Der Cut stand an. Die Reduzierung auf die 40 amerikanischen Spieler, die mit nach Übersee reisen durften. Die erste Bedingung war, dass jeder Spieler einen gültigen Reisepass besitzt. Was in den USA gar nicht so üblich war. Schließlich kann man innerhalb der USA nur mit einem Führerschein von Alaska bis in die Subtropen nach Florida reisen, ohne sein eigenes Land zu verlassen. Aber alle hatten gültige Papiere dabei und keiner musste deshalb nach Hause geschickt werden.

Was mir allerdings etwas Sorgen gemacht hat, war die Unwissenheit die einige Jungs hatten. Sie fragten mich, ob es denn auch Internet in Deutschland gebe, und ob man seinen DVD-Player an einen deutschen Fernseher anschließen kann. Auch ob es denn genügend große Kühlschranke gibt, um seine Getränkeflaschen unterzubringen. Da war ich dann schon kurz davor, bei meiner kurzen Ansprache zu Berlin und seinen

Besonderheiten darauf hinzuweisen, dass wir auch schon Strom haben und fließend warm und kaltes Wasser. Allerdings verzichtete ich dann doch darauf und übergab jedem von ihnen einen Leitfaden auf Englisch, damit sie nachlesen konnten, dass wir unsere Laptops mit 220V aufladen und nicht wie in den USA mit 110V. An dem Abend der Entscheidung wurde nichts bekannt gegeben. Niemand außer den Coaches wusste, wer den Cut übersteht und wer nach Hause fliegt. Auch ich habe keine Liste vorab bekommen. Aus Respekt vor den Spielern die gecuttet wurden und damit nichts nach außen dringt wurde Stillschweigen bewahrt. Im gesamten Hotel war es gespenstisch ruhig. Jedes Klopfen an der Tür konnte das Ticket nach Hause bedeuten. Ein Offizieller musste ja rumgehen und den Betroffenen die Nachricht überbringen. Und dann saßen da ja immer noch zwei im Zimmer. Man wusste es also bis zur letzten Sekunde nicht, ob man selber dran war oder der Zimmernachbar. Ich musste bis zum nächsten Morgen warten. Dann bekam ich vom Headcoach die Liste mit den Spielern die gehen mussten und das finale Spielerroster mit dem wir in die erste Saison starteten.

Da mir der Abend im Hotel einerseits zu aufregend und anderseits auch zu langweilig war, fuhr ich nach Downtown Orlando zur Church Street Station und machte mir einen netten Abend. Ich konnte ja zum Glück nicht gecuttet werden. Am nächsten Morgen ging ich in aller Frühe zu Coach Chandler und holte mir die Listen ab. Es war schon ein komisches Gefühl, eine Pressemitteilung darüber zu schreiben, wer es geschafft hatte und wer nach Hause musste. Da ging es für die Beteiligten ja um so ziemlich ihre letzte Chance, im Profi-Football Fuß zu fassen. Die Möglichkeit, wenn du jetzt den Sprung nicht schaffst, danach noch mal einen Versuch zu haben, war gleich null.

Den Rückflug nach Berlin trat ich etwas früher als das Team an. Ich musste ja noch die Ankunft ein wenig vorbereiten, die Presse informieren und den Media Guide fertigstellen. Das Team kam dann nur ein paar Tage später in Berlin an. Erstmals war also Berlin Thunder wirklich in der Hauptstadt. Das Teamhotel war schön gelegen, aber echt weit vom Schuss. Direkt an der Dahme im Ortsteil Köpenick. Die Entfernung zum Trainingsgelände am Olympiastadion war schon heftig. Fast 30 km mussten jedes Mal für eine Strecke zurückgelegt werden. Bei normalem Verkehr war das rund eine Dreiviertelstunde. Aber wann ist der Verkehr in Berlin schon normal. Jeder Spieler bekam ein Einzelzimmer, und so war das Hotel fest in unserer Hand. Für die nächsten drei Monate war es das Zuhause für Coaches, Spieler und Betreuer. Unser Büro war auch nicht viel näher dran. Ich pendelte die 25 km mehrmals die Woche. Da das Olympiastadion wesentlich näher war, versuchte ich die notwendigen Termine aber eher beim Training abzuarbeiten. Einen Pflichttermin gab es aber vor jedem Spiel. Freitags kamen die Kommentatoren von Fox Sports zum Training, um sich für die Übertragungen vorzubereiten. Sie schauten bei der Abschlusseinheit zu und gaben mir eine Liste mit Namen der Spieler und Coaches, die sie nach dem Training im Hotel sprechen wollten. Dann hieß es erst mal alle Mann in den Bus und eine unfreiwillige Sightseeing-Tour quer durch Berlin. Eine ungewöhnliche Situation für die Fernsehleute, die ja sonst in den USA bei der NFL, direkt am Trainingsplatz den Trainingskomplex für ihre Meetings nutzen konnten. So bekamen sie noch etwas Kultur vom alten Kontinent zu sehen. Bei den Einzelgesprächen wurden viele Hintergründe der Personen hinterfragt. Die meiste Zeit war ich mit dabei, was den Freitag immer zu einem extrem langen Tag machte. Ich musste die Spieler und Coaches aus ihren Zimmern, oder wo sie sonst gerade waren, abholen und zum Interview bringen. Das war aber meistens kein Problem, weil es eine Ehre war, zu den ausgewählten fünf oder sechs Personen zu gehören, die befragt wurden. Bei den Themen ging es sehr abwechslungsreich zu. Was sie spielerisch zeigen wollen, von ihrem Gegner erwarten und welche Besonderheiten es für das anstehende Spiel gab. Dazu wurden oftmals auch noch private Dinge angesprochen. Wie zum Beispiel bei Vernon Strickland mit seiner Leukämie-Erkrankung und seinem Gastauftritt bei der Bill Cosby Show. Als krebskranker Junge wurde ihm sein Wunsch erfüllt, einmal bei der Comedy Show eine kurze Statistenrolle zu bekommen. Solche Infos nutzten dann die Kommentatoren, um bei den Live-Spielen zu brillieren.

Bei den Live-Sendungen kamen einige neue Kommentatoren und auch Experten zum Einsatz. So kam ich zu dem Vergnügen, einige ehemalige NFL-Stars hautnah zu erleben. Darunter war auch Brian Baldinger, ein ehemaliger Offensive Lineman der von 1982 bis 1993 in der NFL für die Dallas Cowboys, Indianapolis Colts und Philadelphia Eagles spielte. Er beindruckte die Producer von FOX mit seiner extrem ruhigen Stimme und trotzdem unterhaltsamen Art. In den Freitags-Interviews war er alleine schon durch seine körperliche Präsenz immer ein Highlight. Außerdem war er sehr witzig und aufgeschlossen. Wie für die Spieler und Coaches der NFL Europe, war es auch für die TV-Experten so etwas wie eine Ausbildungsliga. Selbst ein noch aktiver Spieler wurde als Co-Kommentator getestet.

Ich durfte Troy Aikman, den Starting Quarterback und dreifachen Super-Bowl-Sieger der Dallas Cowboys, vom Flughafen abholen und zum Hotel fahren. Damit kam zum ersten Mal wirkliches Super Star Feeling bei Berlin Thunder auf. Aikman war von 1989 bis 2000 bei den Cowboys der Mann, der den Erfolg brachte. Er gewann alles, was zu gewinnen war und wurde 2006 in die *Football Hall of Fame* gewählt. Heute ist er immer noch der Top-Analyst für FOX Sports bei den Live-Übertragungen der NFL-Spiele in den USA. Außerhalb des Jobs war er aber damals ein sehr ruhiger Zeitgenosse. Während der Fahrt vom Flughafen zum Hotel bekam er den Mund kaum auf. Vielleicht war er auch etwas müde. Bei den Interviews ging es ein bisschen besser, wobei alle die ihm gegenüber saßen, egal ob Spieler oder Coach, vor Ehrfurcht fast erstarrten und jede Antwort mit Bedacht formulierten.

Als Heimstätte für die erste Saison wurde das Friedrich-Ludwig-Jahn-Sportpark gebucht. Um es den amerikanischen TV-Kollegen so angenehm wie möglich zu machen, wurde das Stadion, das zu DDR Zeiten die Heimat des Stasi-Clubs BFC Dynamo Berlin war, sogar noch etwas umgestaltet. Es wurde extra eine Kommentatoren Box auf der Haupttribüne direkt unter dem Dach gebaut. Damit konnten sie dann aus gewohnter Perspektive auf Höhe der Mittellinie das Spielgeschehen von oben aus beobachten und kommentieren. Die eigentlichen Pressekabinen waren im Tribünenhaus auf Höhe des oberen Endes des Unterrings viel zu tief angesiedelt, sodass man von dort nicht den notwendigen Überblick über das Spielfeld hatte. Die Box steht übrigens heute noch und wird unter anderem für die Regie beim German Bowl genutzt.

Sportlich war die Premierensaison für uns zum vergessen. Das erste Spiel bei Frankfurt Galaxy verloren wir mit 20-21. Da war die Hoffnung noch groß, dass man mithalten konnte. Die nächsten drei Partien waren dann aber deutliche Klatschen. Beim Heimauftakt gegen die Scottish Claymores kamen wir mit 14-48 unter die Räder. Die nächsten beiden Auswärtsspiele in Barcelona und Amsterdam waren ebenfalls enttäuschend. Es dauerte bis zur fünften Woche und dem Heimspiel gegen die Amsterdam Admirals, um den ersten Sieg in der Vereinsgeschichte einzufahren. Das 22-19 wurde natürlich gebührend gefeiert! Die nächsten beiden Spiele gegen Barcelona und in Schottland konnten ebenfalls gewonnen werden, und es keimte Hoffnung auf, dass man in der ausgeglichenen Liga noch ein Wörtchen um die Vergabe der beiden World-Bowl-Plätze mitreden könne. Doch dann folgten drei weitere Niederlagen in

Serie und die Saison endete mit 3 zu 7 Siegen auf dem letzten Platz.

Es gab aber auch weitere persönliche Highlights. Dazu gehörten die Pressekonferenzen nach den Spielen. Es war üblich, dass mindestens ein Coach und ein Spieler jeder Mannschaft zur PK direkt nach dem Spiel kam. Der PR Director des Heimteams moderierte diese dann und fungierte auch als Dolmetscher. Man mag es kaum glauben, aber es gab recht viele Pressemitarbeiter, die des Englischen nicht so weit mächtig waren, dass sie fachlich den Ausführungen der Beteiligten folgen konnten. Deshalb mussten wir dann die Statements übersetzen. Ich hatte dabei den Vorteil, dass ich mir vieles sehr schnell merken konnte und dann frei wiedergeben konnte. Ich machte mir kaum Notizen, nur soweit, dass ich im Notfall draufschauen konnte. Mehr als einmal wurde ich von unseren Coaches gefragt, wie ich mir das alles merken konnte. Meistens waren ihre Ausführungen sehr ausführlich und nicht einfach nur ein Satz mit Ja und Nein. Dann antwortete ich, dass ich ihnen zugehört habe und einfach wiedergab, was sie sagten, so schwer ist das nicht. Wes Chandler erwiderte dann einmal: „Ich wünschte meine Spieler würden so gut zuhören wie du!" Es hatte sich rumgesprochen, dass ich gut übersetzen und auch ganz passabel moderieren konnte. Deshalb durfte ich als einer der wenigen Berliner Angestellten 1999 beruflich zum World Bowl fahren. Ich sollte in der Altstadt auf einer Promo-Bühne in den Tagen vor dem Endspiel die Werbetrommel rühren und Interviews mit Spielern und Coaches durchführen. Das

Highlight war ein launiges Gespräch mit dem zweiköpfigen QB-Monster der Frankfurt Galaxy. Der Frankfurter Coach, Dick Curl, machte aus der Not eine Tugend. Da er sich nicht festlegen wollte, wer sein Starting Quarterback sein soll, ließ er die gesamte Saison beide Spielmacher abwechselnd spielen. So kamen Pat Barnes und Jack Delhomme regelmäßig beide in allen Matches zum Einsatz. Das machte Galaxy sehr schwer ausrechenbar. Zwar praktizierten fast alle Mannschaften diese Spielweise, aber keiner brachte es in diesem Jahr so effektiv auf den Rasen wie Frankfurt. Ich hatte das Vergnügen, die beiden am Tag vor dem Spiel aus dem Hotel abzuholen und zum Gespräch auf der Bühne zu haben.

Wie so oft bei guten Quarterbacks, sah man ihnen in zivil nicht unbedingt an, was für Athleten sie sind. Wir plauderten so lange auf der Bühne über Football und Gott und die Welt, dass ich schon mehrfach Zeichen bekam, dass Gespräch zu beenden. Wir hatten aber so einen Spaß dabei, dass wir gnadenlos überzogen. Jack Delhomme könnte dem geneigten Football-Fan geläufig sein. Er spielte 1998 bei den Amsterdam Admirals als Backup von Kurt Warner, der nach seinem Ausflug zur NFL Europe in der US-Liga NFL so richtig durchstartete und sogar zum Liga MVP wurde. Inzwischen ist Warner in die Hall of Fame aufgenommen. Wenn ich zu diesem Zeitpunkt gewusst hätte, wie erfolgreich Delhomme nach seiner Rückkehr in die USA mit dem World-Bowl-Titel im Gepäck durchstarten würde, hätte ich mir vielleicht noch ein Autogramm geben lassen. Nach seiner Rückkehr blieb er noch bis 2002 bei den New Orleans Saints, die ihn schon 1997 als Free Agent unter Vertrag genommen hatten. 2003 wechselte er dann zu den Carolina Panther und kam als Starter zum Einsatz: Das lief so gut, dass er die Panthers sogar bis in den Super Bowl XXXVIII führte. Der ganz große Wurf gelang ihm aber nicht. Er scheiterte denkbar knapp an Tom Brady und seinen New England Patriots. Nur vier Sekunden fehlten Delhomme und den Panthers, um die Verlängerung zu erreichen. Aber Patriots-Kicker Adam Vinatieri verwandelte das entscheidende Field Goal zum 32-29. Man konnte ja von der Qualität und dem Drumherum der NFL Europe denken was man wollte, aber als Ausbildung für Spieler und Coaches war sie optimal.

Nach dem World Bowl war erst einmal ausschlafen angesagt. Etwas, was ich seit mehr als vier Monaten nicht mehr getan hatte. Die Saison fing für mich ja schon vor dem Trainingscamp im März an. Zu Ende ging sie dann am 27. Juni in Düsseldorf. In der Zeit dazwischen gab es fast durchgängig sieben Tage die Woche was zu tun, einen richtigen freien Tag hatte ich nicht, und Freizeit war auch mehr als spärlich. Dafür kam ich natürlich mächtig rum, denn als Pressebetreuer war ich ja bei allen Aktionen und Spieltagen dabei. Das bedeutete auch die Auswärtsfahrten nach Düsseldorf, Frankfurt, Barcelona, Glasgow und Amsterdam. Außerdem war ich ganz nah dran an dem professionellen Football-Geschäft. Jedoch gab es einige Punkte, die mir viel zu denken gaben. Da war zum einem, dass ich aufgrund meines Spielerhintergrundes vieles nicht so euphorisch gesehen habe wie einige Kollegen. Natürlich war es ein schöner Job, aber er war auch mit viel Stress verbunden. Außerdem hatte ich gemerkt, dass ich nicht so gut darin war, mich an den richtigen Stellen beliebt zu machen. Ich hatte oft das gemacht, was ich dachte. Ging auch mal feiern und konnte mal fünfe gerade sein lassen.

Als ich aber merkte, dass es Leute gab, die gegen mich arbeiteten und dabei noch Rückendeckung bekamen, fing ich an, das Ganze zu hinterfragen. Endgültig stutzig wurde ich, als ich bemerkte, dass Personen aus dem Budget das ich verantwortete bezahlt wurden, nicht für meine Abteilung arbeiteten, aber dafür eine Gehaltserhöhung bekommen haben, die mir nicht mal bekannt gegeben wurde. Ich habe nichts dagegen, dass Menschen für gute Arbeit angemessen bezahlt werden. Aber wenn ich für bestimmte Zahlen und Ausgaben meinen Kopf hinhalten muss, dann erwarte ich auch, dass über solche Dinge wie Gehaltserhöhungen oder Mehrausgaben Bescheid gegeben wird.

Im August 1999, also rund einen Monat nach dem World Bowl, beschloss ich, zu meinem Boss zu gehen und zu kündigen. Für manche mag das verrückt klingen, einen Job aufzugeben, der einen mit seinem liebsten Hobby verbindet. Aber ich hatte keine Lust auf Klüngeleien und Kleinkriege. Vor allem weil mein Chef damals eine ganz besondere Beziehung zu den Medien hatte. Er bändelte nämlich mit einer Reporterin an, und das machte mir das Leben nicht leichter. Sie wusste dann eher von

Neuigkeiten aus dem Team als ich. Das war aus meiner Sicht unprofessionell. Aber na ja gut, musste jeder für sich selber wissen. Eine meiner letzten Amtshandlungen war es dann, unseren Headcoach Wes Chandler zum Flughafen zu fahren. Da ich immer ein gutes Verhältnis zu ihm hatte, wollte ich auch ihm erklären, dass ich ging und warum. Eine Zeitlang hatte er mich im Verdacht, dass ich Interna ausplauderte. Schließlich wusste eine Pressevertreterin ziemlich genau über das Bescheid, was in der Kabine und Umfeld vor sich ging. Doch wir konnten das klären und es stand dann auch nichts mehr zwischen uns.

Zum Abschied sagte er mir: „Roman, das war nur das Geschäft und nichts Persönliches. Du warst für mich einer der wenigen Profis in unserem Team." Diese Aussage klang noch lange nach in meinen Ohren. Ich habe Wes leider nicht mehr wiedergesehen. Die erste Saison mit Thunder war auch seine letzte. Er ging zu den Dallas Cowboys als Wide Receiver Coach. Wer weiß warum?

Der Reporter

Der Abschied fiel mir erstaunlicherweise nicht so schwer, wie ich gedacht hatte. Das hing einerseits mit meinem kurzen Football-Comeback-Intermezzo in der 2. Bundesliga zusammen, aber andererseits auch mit meinem gestiegenen Marktwert als Reporter. Wobei Marktwert jetzt nicht gleich in Dollarzeichen umzusetzen ist, sondern eher damit, dass einige Leute erkannt hatten, dass ich durchaus Talent für die Berichterstattung hatte. Das galt zu Beginn vor allem für zwei Bereiche: Die Radioreportage und das Schreiben von Zeitungsartikeln. Ich habe in der Zeit bei Thunder viele Buchstaben aufs Papier getippt und dabei einiges gelernt. Im Oktober 1999 hatte ich dann die Chance, als freier Mitarbeiter bei einer seriösen Berliner Tageszeitung in der Sportredaktion anzufangen. Dabei ging es natürlich nicht darum, den Pulitzerpreis zu gewinnen, aber die Schreibweise des Blattes hatte mir gefallen. Es wurde nicht nur auf das Ergebnis und eine möglich reißerische Geschichte geschaut, sondern auf das, wie es zu Stande gekommen ist oder eine Story drum herum. Einer meiner ersten Artikel handelte über die Handballmannschaft der Justizvollzugsanstalt Tegel. Die Knast-Truppe, die ab und zu mal gegen andere Handballer antrat. Dabei traf ich einen alten Bekannten meines Vaters wieder, der auf den Namen Motzkus reagierte. Er war allerdings kein Mitglied der Handballer, sondern Schließer in der JVA. Er war der Wärter der mich ins Gefängnis begleitete und zum Glück auch wieder rausbrachte. Vor 30 Jahren hatte er mit meinem Vater zusammen als Amateurboxer die Fäuste geschwungen. Die Welt ist wirklich klein. Neben dieser Art von Artikeln machte ich auch noch normale Redaktionsarbeit. Also Meldungen von den Nachrichtenagenturen auswählen, zusammenfassen und auf die richtige Länge für die Zeitung bringen. Das war genauso spannend wie es sich gerade liest. Aber es brachte Geld und ich konnte mir sicher sein, dass ich zur nächsten Football-Saison eine Möglichkeit hatte, darüber zu schreiben. Ich hatte ja noch einige Asse im Ärmel. Mein Ziel war es, zum Trainingslager nach Florida eingeladen zu werden. Das war als freier Journalist nicht ganz so einfach, denn es gab natürlich nicht unbegrenzte Kapazitäten, das wusste ich ja aus dem ersten Jahr, als ich selber das Budget für die Einladungen plante. Da ich aber außer für die eine Tageszeitung, noch für den Radiosender arbeitete, bei dem ich vorher auch schon gejobbt hatte, waren die Voraussetzungen schon mal ganz gut. Es gab sonst nämlich kaum einen Sender, der über Football berichtete. Nur noch einen öffentlich-rechtlichen. Zusätzlich kam dann noch ein kleiner Berliner Fernsehsender auf mich zu und fragte, ob ich nicht was für sie machen könnte.

Damit hatte ich das gesamte Spektrum der Berichterstattung abgedeckt und durfte auch mit ins Trainingslager. Diesmal halt auf der anderen Seite vom Zaun. Thunder bezahlte den Flug und die Hotelübernachtung und lud uns einen Abend zum Essen ein. Den Rest mussten wir selber tragen. Das Arbeiten war sehr entspannt. Ich musste lediglich einen Artikel schreiben und ein paar Aufsager per Telefon für das Radio absetzen. Der Rest war Football gucken, die neuen Spieler ein bisschen kennenlernen, shoppen gehen und Spaß haben. Und da ich diesmal mein eigener Herr war und keinen Boss dabei hatte, konnte ich es mit den Kollegen auch mal richtig krachen lassen. Im März war in Florida eine Menge los. Es war Spring Break, die legendären Frühlingsferien der Studenten. In Orlando war besonders die Ecke um die Church Street Station sehr beliebt.

Da gab es unter anderem den Zuma Beach Club. Frauen über 21 hatten freien Eintritt und den ganzen Abend Getränke frei. Männer mussten zwar Eintritt zahlen, aber der hielt sich in Grenzen. Der Laden war voll und die Stimmung angeheizt. Die Drinks taten ihren Dienst. Jedoch auch das Personal des Clubs ließ sich nicht lumpen. Mit einer Taucherflasche liefen sie umher und pusteten den Mädels, die auf den Boxen oder Galerien tanzten, die Röcke hoch. Die meisten der jungen Frauen hatten zum Glück Unterwäsche an, wenn auch ganz kleine. Als aber ein Kerl auf der Tanzfläche sein T-Shirt auszog und mit nacktem Oberkörper tanzen wollte, machte der DJ die Musik aus und es kam die Ansage, dass es erst weitergeht, wenn er sich wieder angezogen hatte. Komische Doppelmoral, die sie da pflegten. Bei unseren Partys bei den Adlern hatte am Ende kaum noch jemand sein T-Shirt an.

Der Trip ins Trainingslager war schnell vorbei, jedoch brachte es genau das, was wichtig war. Die neuen Spieler und Trainer hatten uns schon mal gesehen und wussten einigermaßen, wer nach dem Training oder Spiel auf sie zukommt, um Fragen zu stellen.

Die Zeit nach meiner Anstellung bei Berlin Thunder war sogar noch entspannter, lukrativer und effizienter als mein Job als PR Director. Als Angestellter des Teams musste man schon aufpassen, was man sagte. Es gab bestimmte Regeln, wie man sich verhalten sollte und natürlich sollte das Outfit immer angemessen sein. Das hieß dann schon Anzug und Hemd am Spieltag, egal wie warm oder kalt es war. Als ich dann als Reporter unterwegs war, war einiges leichter. Ich konnte in Jeans und T-Shirt zum Spiel gehen und konnte kritisch nachfragen oder halt auch mal die Mannschaft kritisieren, wenn es aus meiner Sicht nötig war. Da ich so ziemlich jedes Spiel von Thunder gesehen habe, das je gespielt wurde und auch den Hintergrund des Insiders hatte, wurde ich oft auch von Kollegen angesprochen, die nicht so viel Ahnung vom Football hatten.

Da gab es zum Beispiel einen Kollegen vom öffentlich-rechtlichen Rundfunk, der sich auf die Pressetribüne neben mich gesetzt hat. Er sollte mehrmals vom Spiel live berichten, wusste aber zu Beginn nicht, was da auf dem Feld passiert ist. Erst hörte er zu, was ich so in mein Mikrofon sagte, als ich für den privaten Radiosender auf Antenne war. Dann fragte er zwischendurch noch mal nach, und dann erklärte ich ihm von mir aus, was geschehen war und was sich lohnen würde zu berichten.

Damit klang er in seinen Übertragungen wie ein echter Football-Experte, und seine Redaktion war positiv überrascht. Logisch, dass er bei den nächsten Heimspielen wieder in meiner Nähe saß.

Ich war der einzige Reporter, der sowohl bei den Heimspielen als auch bei den Auswärtsspielen dabei war. Ich hatte einen Deal mit dem Radiosender, dass ich neben meinem Honorar, das ich für jeden einzelnen Beitrag bekam, auch die Hälfte meiner Reisekosten bezahlt bekam. Alleine das hat sich schon gelohnt, da ein Football-Spiel ja recht lange dauert, nämlich fast drei Stunden. Da die Spiele meistens Samstagabends oder Sonntagnachmittags zu Zeiten angepfiffen wurden, wo kein wichtiges Programm mehr lief, war ich in jeder Stunde mindestens zweimal zu hören. Dazu kamen dann noch Aufsager in den Nachrichten zur vollen Stunde, also eine Rundum-Berichterstattung. Und jedes Mal, wenn ich den Mund aufmachte, klingelte es im Geldbeutel.

Nach dem Spiel machte ich noch schnell eine Zusammenfassung und dann war die Liveberichterstattung beendet. Jetzt ging es daran, den Zeitungsartikel zu schreiben. Das ging eigentlich auch ganz fix. Schließlich hatte ich in der Regel nicht so wahnsinnig viel Platz. 40 bis 60 Zeilen mussten meistens reichen. Wenn es wichtig wurde, schrieb ich auch schon mal für mehrere Zeitungen gleichzeitig. Dann verwendete ich als Pseudonym gerne mal den Namen meines Schwiegervaters, damit es nicht zu sehr auffiel. Wenn das alles erledigt war, konnte ich in aller Ruhe zusammenpacken und zum Pressesprecher gehen. Der wusste schon, was ich wollte: das Meltdown Tape, mit der Zusammenfassung der Highlights des Spiels fürs Fernsehen. Das wurde von FOX produziert und per Satellit an die größeren Fernsehanstalten geschickt. Die kleine TV-Produktionsfirma in Berlin, für die ich die Beiträge für das Lokalfernsehen machte, hatte solche Möglichkeiten der Überspielung nicht, deshalb holte ich das Tape ab und nahm es mit nach Hause. Manchmal war es noch nicht beim Pressesprecher angekommen, dann ging ich zum Ü-Wagen und wartete dort. Es war ganz nützlich, dass ich noch einige Kollegen aus dem Vorjahr kannte. Das machte das Warten angenehmer und es gab auch keine Probleme dabei, den Zusammenschnitt überhaupt zu bekommen. Mit diesen ganzen Aufträgen machte ich an einem Spieltag ungefähr so viel Geld, wie ich bei Thunder vorher in einem halben Monat verdient hatte. Das bedeutet mit zwei Spieltagen hatte ich den Monatsverdienst drinnen. Dabei hatte ich allerdings nur den Bruchteil der Arbeit, weil ich ja fast alles, bis auf den Fernseh-Beitrag, schon kurz nach Spielende fertig hatte. Und die Vorberichterstattung auf das nächste Spiel war damit auch schon so gut wie erledigt.

Später kam dann sogar noch ein Job vor dem Anpfiff dazu. Der Autosponsor der NFL Europe, Skoda, machte vor jedem Spiel auf der Power Party Werbung. Auf einer Bühne und Drumherum wurden die Autos der Marke präsentiert. Doch die eigentliche Attraktion waren die Interviews mit den Offiziellen, Spielern oder Coaches. Da erfuhren die Fans aus erster Hand, kurz vor dem Spiel, was los war. Die Agentur, die den Auftritt organisierte, wurde von einem ehemaligen Football-Spieler in Berlin geleitet. Und da man sich ja in den Kreisen kannte, war der Weg zu mir nicht weit. Ich moderierte die kleine Show auf der Bühne. Wenn ich eh schon im Stadion war, konnte ich das ja gleich noch mitmachen.

Der eigentliche Höhepunkt kam dann aber an jedem Spieltag kurz vor Ende der Power Party. Denn dann wurden die Give Aways verteilt. Verteilt ist dabei nicht so der richtige Begriff. Denn ich zelebrierte diese Aktion. Es gab ja schließlich auch was Besonderes. Neben der Miniaturausgabe des Skoda-Maskottchen Eddy the Teddy in Plüschform, standen vor allem die Schlüsselbänder und die Mini-Footbälle hoch im Kurs. Das wurde aber nicht einfach den Fans in die Hand gedrückt, nein. Es wurde darum gerauft und gekämpft, geschubst und gedrängelt, denn ich animierte das Publikum, laut zu sein, etwas Besonderes zu zeigen, das ausgewöhnlichste Fanoutfit dabei zu haben oder einfach was Verrücktes zu tun. Da klettert schon mal jemand auf das Dach eines Toilettenhäuschens oder es wurden Pyramiden nach Cheerleader-Vorbild gebaut. Am schönsten und einfachsten war es jedoch, die Menge vor der Bühne einfach in zwei Gruppen aufzuteilen und gegeneinander anbrüllen zu lassen. Welche Seite lauter war, da ging dann der nächste Ball hin.

Inzwischen durfte ich auch außerhalb der Football-Zeit für die verschiedensten Medien arbeiten. So begleitete ich zum Beispiel in der Saison 2000/2001 den FC Union Berlin in der 3. Liga und beim Sturm durch den DFB-Pokal. Ich war für Hundert,6 bei jedem Heimspiel dabei und kommentierte live im Radio. Dabei kam es des Öfteren zu skurrilen Situationen, denn das Stadion an der Alten Försterei hatte zu der Zeit noch keine Reporterkabinen, geschweige denn eigene Plätze für die Liveübertragung. So saß ich meistens mitten im Publikum oder auch schon mal auf einer Mülltonne die auf dem Umgang der Tribüne stand. Ich hatte ein Funkmikrofon mit Kopfhörer und war so mit dem Ü-Wagen verbunden, der hinter der Tribüne stand. Neben mir saßen die Fans der Eisernen, wie Union auch genannt wird. Es kam öfter mal vor, dass sie mir von der Seite in die Reportage schrien und das ging dann live auf Sendung. Berichterstattung an der authentischen Basis könnte man das nennen. Es machte aber wahnsinnig Spaß und gerade die Pokalspiele waren etwas ganz Besonderes. Immerhin wurden neben drei Zweitligisten in den ersten Runden, auch zwei Erstligisten aus dem Wettbewerb gekegelt. Im Viertelfinale schlug Union den VFL Bochum und im Halbfinale Borussia Mönchengladbach nach Elfmeterschießen, was einer Sensation gleichkam.

Ich freute mich schon darauf, beim Pokalfinale zwischen Union Berlin und Schalke 04 als Reporter eingesetzt zu werden, doch da bekam ich das erste Mal die Hierarchie in einer Sportredaktion zu spüren. Natürlich war das dann eine Sache für den Sportchef des Senders. Ich verfolgte das Spiel dann nicht mal live, denn ich war mit

Berlin Thunder in Barcelona. Bevor ich zu Hause alleine rumsaß und mich darüber ärgerte, nicht im Stadion beim Finale dabei zu sein, fuhr ich lieber mit nach Spanien und verdiente etwas Geld. Etwas mehr Geld sogar, als wenn ich Fußball kommentiert hätte. Dafür war ich dann aber beim World Bowl IX am 30. Juni 2001 live vor Ort. In der Amsterdam ArenA spielte Thunder gegen die Barcelona Dragons in ihrem ersten Endspiel und holten sich auch den Titel der NFL Europe. Obwohl ich ja nicht mehr Teil der Organisation war, freute ich mich riesig für das Team. Ein paar gute Freunde und ehemalige Kollegen waren ja immer noch mit dabei und die Party im Teamhotel war auch nicht schlecht.

In der Offseason der NFL Europe gab es trotzdem immer gut was zu tun. Ich war für das Regionalfernsehen regelmäßig beim Fußball der unterklassigen Ligen im Einsatz und beim Radio gab es auch fast jedes Wochenende, was zu berichten. Ich wurde sogar mal zum deutschen Turnfest in Berlin geschickt. Da hatte ich nun gar keine Ahnung von. Ich sollte einen zweieinhalbminütigen Beitrag über die Highlights des Abends machen. Nur gut, dass der Beitrag schon gesendet wurde, bevor die Höhepunkte dran waren. So konnte ich mich darauf konzentrieren, was alles auf dem Programm stand. Dafür habe ich dann einfach das Vorwort aus dem Programmheft vorgelesen und noch ein bisschen mit eigenen Worten ausgeschmückt. Und bevor es in der Halle richtig losging, war ich schon wieder auf dem Heimweg. So leicht konnte man manchmal Geld verdienen. Für das Lokalfernsehen FAB habe ich dann erstmalig ein Football-Spiel live und in voller Länge kommentiert. Gemeinsam mit meinem Kumpel vom Napalmduo, Frank Stahnke, habe ich ein Spiel der Adler gegen die Cologne Crocodiles kommentiert, nachdem die Adler 2002 wieder in der GFL spielten. Zwar hatten die Adler 2001 als Meister der GFL 2 gegen die Kiel Baltic Hurricans die Relegationsspiele um den Aufstieg in die GFL verloren, aber die Düsseldorf Panther mussten sich aus wirtschaftlichen Gründen aus der obersten Spielklasse zurückziehen. Damit rutschten die Adler nach vier Jahren Abstinenz endlich wieder in die German Football League. Der Sender nahm das zum Anlass, erstmalig ein GFL-Spiel zu übertragen. Stoney und ich machten das, was wir am besten konnten: wir redeten einfach über Football, wie uns der Schnabel gewachsen war.

Nur hatten wir leider nicht bedacht, dass wir das Spiel von der Gegentribüne aus sahen, und die Kameras es von der Haupttribüne aus aufnahmen. So verwechselten wir unfreiwillig in der ersten Halbzeit mal schön die Seiten. Wir sagten zum Beispiel: „jetzt von rechts nach links im Angriff", und die Bilder zeigten es genau andersrum. Das kommt davon, wenn man bei einer Liveübertragung nicht auf den Monitor schaut, sondern an diesem vorbei auf den Rasen. Wir waren es ja gewohnt die Aktionen direkt anzuschauen und nicht auf dem kleinen Bildschirm.

Stoney und ich hatten ein paar Monate zuvor schon den German Bowl XXIII in Hannover per Internet-Radio-Stream kommentiert. Aber das war etwas Anderes. Denn dort mussten wir ja nicht auf die Bilder achten, sondern erklärten die Spielzüge ohne, dass die Zuhörer etwas sehen konnten. Die Einschaltquoten beim German-Bowl-Stream und auch bei der Übertragung bei FAB hielten sich leider in Grenzen. Das lag zum einen an der 2001 noch fehlenden Bandbreite für eine flächendeckende Reichweite beim German Bowl, und bei der TV Übertragung schlichtweg dran, dass kaum einer den Sender kannte. Das waren aber schon mal sehr gute Voraussetzungen, um später von diesen Erfahrungen zu profitieren. Denn es war nur eine Frage der Zeit, bis die NFL auch regional Spiele ausstrahlen würde. Dazu gab es zwei Alternativen: auf der einen Seite die öffentlich-rechtlichen Sender mit ihren dritten Programmen und auf der anderen die immer mehr verbreiteten regionalen Privatsender. Zunächst gab es den ARD-Ableger RBB, den Rundfunk Berlin Brandenburg. Der hatte sogar schon ein wenig Erfahrung mit der Übertragung von Football-Spielen, denn Mitte der 90er Jahre wurden durch einen Sponsordeal einige Spiele der Berlin Adler im dritten Programm des SFB gezeigt. Nach dem Zusammenschluss mit dem ORB hieß der Sender nun RBB und zeigte Interesse an der NFL Europe. Da Thunder inzwischen im Berliner Olympiastadion spielte und einige Tausend Zuschauer zu den fünf Heimspielen pro Jahr kamen, waren sie in den Fokus der Öffentlichkeit gerutscht. Für den RBB war der Aufwand überschaubar. Da FOX als US-Sender immer noch alle Spiele der Liga komplett produzierte, mussten sie lediglich das fertige Signal übernehmen und selber vertonen. Damit sie einen kompetenten Eindruck hinterlassen, haben sie sich nach einem Football-Experten umgeschaut, der als Co-Kommentator eingesetzt werden konnte. Ich verrate kein Geheimnis, wenn ich sage, dass sie nicht lange gesucht haben. Natürlich wussten sie, dass ich nach der aktiven Zeit inzwischen als Kollege im Einsatz war, und fragten mich, ob ich für sie kommentieren kann. Damit war ich jetzt also bei den Profis angekommen. Denn das, was ich vorher im TV-Bereich gemacht habe, kann man nicht mit dem Aufwand vergleichen, der hier an den Tag gelegt wurde.

An dem ersten Spieltag, an dem die Übertragungen begannen, musste ich meine Bühnenmoderation für die Skoda-Roadshow mal kurz unterbrechen. Ich sollte an der Crew-Besprechung für die Sendung teilnehmen. Ich rechnete damit, das da vielleicht fünf bis zehn Leute sein werden und das Ganze in 10 Minuten erledigt ist. Schließlich mussten keine Kameraleute instruiert werden, und die Regiearbeit und das Zusammenschneiden der Bilder wurde ja auch von den Amerikanern geleistet. Aber denkste Puppe. Es waren mindestens 30 Mitarbeiter am Ü-Wagen versammelt. Ich wunderte mich, was die alle machen sollten. Aber anscheinend war das ein Standard bei Live-Übertragungen, und schließlich muss dem Zuschauer ja was für die GEZ-Gebühren geboten werden. Die Besprechung ging dann aber doch recht schnell und ich konnte wieder zurück zur Bühne. Pünktlich vor Sendebeginn war ich dann in der Sprecherkabine auf der Gegentribüne im Olympiastadion angekommen. Und diesmal wusste ich ja, dass ich nicht zu viel am Monitor vorbeischauen soll, sondern lieber die Bilder, die im Fernseher zu sehen waren kommentierte. Warum so viele Menschen bei der Besprechung im Vorfeld dabei waren, erfuhr ich dann auch. Denn es saß während der gesamten Sendung mindestens ein Techniker die ganze Zeit neben uns. Er war nur dafür da, falls irgendetwas mit den Bildschirmen, den Mikrofonen und sonstigen technischen Geräten nicht funktionieren sollte, um diese auszutauschen. Dafür hätte er dann zum Ü-Wagen um das halbe Stadion laufen müssen. Sehr effizient. Bei Produktionen im privaten Radio oder TV habe ich so etwas nie wieder erlebt. Da lag höchstens ein Ersatzgerät nebenan, dass man dann selber irgendwie anstöpseln musste. Da habe ich bei den Auswärtsfahrten für die Radioreportagen schon einige lustige Dinge erlebt. Dass die Kabel für das Sendegerät falsch waren oder zu kurz, oder falsche Stecker oder gar keine Leitung da war. Da musste man dann halt in bester MacGyver-Manier die Drähte zusammenbasteln, damit eine Verbindung zum Funkhaus hergestellt wurde.

Die RBB-Übertragungen waren aber in der Summe schon sehr gut und professionell. Wir haben sogar einige Auswärtsspiele gezeigt, bei denen wir allerdings das Signal per Satellit ins Funkhaus an der Masurenstraße in Berlin Charlottenburg bekommen haben. Dann haben wir aus der Kabine im Keller kommentiert, mit nicht ganz so viel Leuten wie vor Ort. Leider war diese Kooperation der Liga mit dem RBB nicht von langer Dauer. Aber es gab Ersatz aus der Privatwirtschaft. Es gab ja noch TV Berlin. Der Regionalsender gehörte mal zum Kirch-

Universum, dem unter anderem auch mal ProSieben und SAT.1 angehörten. Der Sportchef des Senders, Jan Möller, war bei einigen Trainingscamps der NFL Europe mit dabei, und wir hatten schon öfter zusammen gearbeitet und gefeiert. Die Lücke bei der regionalen Berichterstattung wurde von TV Berlin geschlossen. Dabei unterstütze die Liga bzw. Thunder den kleinen Sender tatkräftig, um weiterhin auf dem Bildschirm präsent zu sein. Unter anderem bezahlten sie eine Saison lang mein Honorar für den Kommentar.

Axel Kruse hatte inzwischen die Football-Schuhe auch an den Nagel gehängt und war als Moderator für das wöchentliche Sportmagazin tätig. Bei einigen Heimspielen moderierte er dann die Sendungen im Stadion. Dazu kam dann noch ein Ü-Wagen mit drei oder vier Mitarbeitern und ich. Das war die gesamte Crew die eine Livesendung stemmte. Bei den Sendungen der öffentlich-rechtlichen Anstalt hatten wir schon mehr Kabelträger dabei als die gesamte Crew des Privatfernsehens. Live vor Ort waren wir aber eher selten. Meistens haben wir das Spiel einen Tag später Re-Live eingespielt und aufgenommen. Dabei waren sogar nur Jan und ich dann noch dabei. Das Bildmaterial stand uns ja dank Satellitenuplink im Funkhaus zur Verfügung. Dadurch wurde das gesamte Spiel quasi live aufgenommen. Am nächsten Tag traf ich mich mit Jan dann im Studio, und wir machten die Sendung fertig. Ich kommentierte die zweieinhalb Stunden durch, und Jan saß im Schnitt und bügelte dann meine Fehler aus, wenn ich mich versprach, oder schnitt die Werbung rein. So konnte man es also auch machen. Minimum an Aufwand, Maximum an Erfolg. Manchmal ließ mich Jan einfach alleine quatschen und döste sogar etwas ein. Oder er ging mal Kaffee holen und aufs Klo. Ich bekam davon in meiner kleinen Sprecherkabine nichts mit. Ich redete munter weiter und tat das, was ich am liebsten machte: Ich redete über Football.

2006 war dann die ARD wieder im Geschäft. Diesmal allerdings nicht regional über die dritten Programme, sondern mit ihrem Hauptkanal. Das Erste sicherte sich die Übertragungsrechte am Super Bowl und bekam dann quasi als Zugabe den World Bowl mit dazu. Ich wurde erneut von Dirk Froberg angesprochen, der inzwischen für den Hessischen Rundfunk arbeitete und mich ja schon 1990 zu Premiere geholt hatte. Diesmal sollte ich beim World Bowl 2006 der Souffleur für Dirk und Andreas Witte sein. Andreas kam vom RBB und hatte schon in den 90er Jahren einige Spiele der Adler kommentiert. Dirk war sogar schon bei SAT.1 als Super-Bowl-Kommentator tätig. Doch beiden fehlte der Insider Blick, da sie ja weder selber Football gespielt hatten noch sich in der Tiefe mit den taktischen und technischen Finessen des Sports auskannten.

Ich saß während des Spiels eine Reihe hinter den beiden und hatte ihren Kommentar auf meinem Kopfhörer. Da wir das Spiel aufzeichneten und eine einstündige Zusammenfassung brachten, konnte ich ihnen ein paar Infos zukommen lassen. Zum Beispiel, wenn es eine besondere Aktion gab, die in den Rekordbüchern der NFL Europe nachgeschlagen werden musste oder eine

Regelauslegung nötig war. Das lief dann so gut, dass ich im kommenden Winter bei den Übertragungen der Conference Finals ans Mikrofon durfte.

Beim *NFC Championship Game* zwischen den Chicago Bears und den New Orleans Saints, war ich neben Andreas Witte zum ersten Mal live in der ARD als Experte im Einsatz. Wir saßen in einer Sprecherkabine in Frankfurt und warteten bis wir endlich auf Sendung konnten. Das Spiel wurde nicht in voller Länge gezeigt, denn aufgrund des festen Programmteils am Sonntagabend in der ARD, konnten wir erst in der zweiten Halbzeit einstiegen. Trotzdem hatte es mir richtig viel Spaß gemacht, vor allem, weil mir Andreas viel Raum zum Erklären dieses faszinierenden Sports gab. Leider war es viel zu schnell vorbei, und Dirk Froberg und Tom Nütten übernahmen dann für das zweite Spiel live aus Indianapolis. Nütten war ein ehemaliger Offensive-Line-Spieler der St. Louis Rams der mit ihnen sogar unter der Leitung von Kurt Warner den Super Bowl gewonnen hat. Tom hat eine deutsche Mutter und konnte einigermaßen deutsch sprechen. Allerdings waren seine Antworten doch recht einsilbig.

Zum Super Bowl konnte ich leider nicht mitfahren, da waren Froberg und Witte als Stimmen gesetzt und es gab kein Budget, mich hinter sie zu setzen. Dafür hatten sie ja Tom Nütten an ihrer Seite und Franziska van Almsick als Field-Reporterin. Im kommenden Jahr war es beim World Bowl wieder das gleiche Spiel wie zuvor.

Andreas und Dirk kommentierten, ich saß dahinter und machte sie schlau. Leider war das dann der letzte World Bowl, denn wenige Tage später wurde die NFL Europe geschlossen. Alle Teams wurden aufgelöst und die Liga war Geschichte.

Zu den Playoffs der NFL im Januar 2008 machte ich mir Hoffnungen, wieder von der ARD engagiert zu werden. Vielleicht durfte ich ja sogar etwas mehr machen als im Vorjahr? Das Gute war, dass ich wieder bei den Conference Championship Games dabei war. Diesmal allerdings in einer anderen Rolle. Ich wurde als Experte nur vor dem Spiel und in der Halbzeit, sowie nach dem Spiel kurz eingebunden. Eine Einschätzung, was uns erwartet, wie die erste Halbzeit war und was besser werden muss, und dann ganz kurz noch ein Abgesang. Das war es. Der Super Bowl war wieder die gleiche Geschichte wie das Jahr zuvor. 2009 nichts Anderes. Nur noch, dass es ausgerechnet beim Super Bowl getoppt wurde.

Ich bin nun wirklich eher einer der ruhigen Fraktion, was das meckern über Entscheidungen angeht. Aber das hatte ich dann nun wirklich nicht verstanden. Anstatt ihren Experten mitzunehmen, der die letzten Jahre gezeigt hatte, dass er Ahnung hat von dem was er da spricht und weitestgehend auch wie er spricht, kamen die Entscheider auf die glorreiche Idee, den ehemaligen Handballer Stefan Kretzschmar mit nach Tampa Bay zum Super Bowl zu nehmen.

Ich frage mich noch heute, was das bringen sollte. Da der Super Bowl ja zu einer Zeit in Deutschland läuft, ist es eher unwahrscheinlich, dass ein Handball-Fan wach bleibt, um sein Idol in der Nacht von Sonntag auf Montag um 2 Uhr 30 zu sehen und damit die Quote steigt. Zum Spiel konnte Kretzschmar in der Halbzeitanalyse nicht wirklich viel sagen. Ist ja auch kein Wunder, er ist Handball-Experte und auf seinem Gebiet wirklich ein Guter. Aber ich würde mir auch nicht anmaßen, bei einer Handball-WM in der Halbzeit eine fundierte Meinung abzugeben. Warum also Stefan bei diesem Super Bowl dabei war, kann ich mir nicht erklären. Aus fachlicher Sicht gibt es wohl keinen Grund.

Das war es dann auch mit meiner Zeit bei der ARD. Ich hatte keine Lust mehr, und anscheinend brauchte man mich auch nicht mehr. Nur gut, dass ich privat schon zweimal das Vergnügen hatte, einen Super Bowl live im Stadion zu sehen. 1996 und 2010 war ich als normaler Zuschauer in Phoenix und Miami im Stadion. Bei einem Super Bowl zu arbeiten, wäre aber eine ganz besondere Ehre. Und man weiß ja nie, was noch kommt.

Der Stadionsprecher und Funktionär

2002 wurde ich von den Berlin Adlern dann gefragt, ob ich beim Stadionkommentar helfen kann. Bisher war FP Schmidt die Stimme der Adler. Das war er schon, bevor ich angefangen habe zu spielen, und das war er immer noch. Anfänglich kommentierten wir zusammen. Bis FP dann nicht mehr wollte. Warum weiß ich nicht so genau, mir gegenüber hatte er nie etwas gesagt, ob es ihm gefallen hatte mit mir gemeinsam zu sprechen oder nicht. Ich hatte inzwischen reichlich Erfahrung am Mikrofon gesammelt. Egal ob beim Radio, auf der Bühne oder im Studio bei dem Einsprechen der TV-Beiträge: es machte mir Spaß, das Spiel zu besprechen und die Fans einzubinden. Wobei das nicht immer so einfach war. Die Zahl der Zuschauer bei den Adlern war doch sehr überschaubar. Aber dafür konnte ich so ziemlich alles machen, was ich wollte. Es gab keine Regieanweisungen oder festen Pläne. Lediglich ein Zeitablauf mit den Zeiten, wann wer aufs Feld kommt, lag vor. Aber sonst hatte ich freie Bahn.

Zusätzlich machte ich natürlich weiter mit den Dingen die bezahlt wurden, denn bei den Adlern nahm ich kein Geld, das tat ich aus Verbundenheit zum Verein. Das ist übrigens heute immer noch so. Wenn ich Zeit finde und zu einem Spiel als Stadionsprecher oder Kommentator gehe, dann nehme ich dafür kein Honorar. Das ist für mich eine Selbstverständlichkeit und ein Dankeschön an den Club, der mir so viele Möglichkeiten eröffnet hat.

Ich wollte ja eigentlich nur mal ab und zu dabei sein und aushelfen, wenn Not am Mann war. Doch Provisorien sind meistens die haltbarsten Lösungen. Anstatt nur ab und zu, war ich plötzlich bei jedem Spiel eingeplant. „Ach Roman, du kannst doch bestimmt nächstes Mal wieder. Du hast das so toll gemacht", waren die ersten Worte die ich nach der Premiere zu hören bekam. Und da ich lange Zeit nicht Nein sagen konnte, wurde aus ab und zu mehr als zehn Jahre.

Dadurch kann ich aber auch von mir behaupten, dass ich alle deutschen Meisterschaften der Adler live und vor Ort miterlebt habe. 1987 meine erste Berührung mit Football in Deutschland. 1989, 1990 und 1991 als nicht ganz unerheblicher aktiver Teil, 2004 als Co-Stadionsprecher bei dem überraschenden Sieg bei den Lions in ihrem heimischen Stadion und 2009 als Gastsprecher zum Einlauf des Teams und Verwaltungsratsvorsitzender. Denn wie es nun mal so ist, wenn man einmal anfängt, sich einzubringen, kann man bei anderen Dingen schlecht Nein sagen. Da ich von 2003 an regelmäßig bei den Spielen der Adler war, habe ich natürlich auch eine Menge aus dem Umfeld mitbekommen.

Nach dem Ab- und Wiederaufstieg hatte sich einiges verändert. Die Abteilung des BSC Rehberge, die die Berlin Adler jahrelang waren, hatte sich selbstständig gemacht und einen eigenen Verein gegründet. Die Adler waren flügge geworden. Kein Wunder mit knapp 300 Mitgliedern in Jugend-, Männer- und Cheerleader-Abteilungen wollten sich die Adler nicht mehr einem

Fußballverein unterordnen. Dafür brauchte es aber auch neue Strukturen. Eigener Vorstand, Geschäftsstelle und vieles mehr. Es wurde ein Verwaltungsrat als oberstes gewähltes Gremium eingeführt. 2004 sollte ich dort als Veteran meine Meinung und meine Kontakte in der Berliner Sportszene einbringen. Ich ließ mich aufstellen und wählen. Zunächst noch als Stellvertreter, später dann als Vorsitzender des Gremiums. Der Verwaltungsrat war nur in bestimmten Situationen wirklich wichtig. Im operativen Tagesgeschäft hatte er nicht viel zu tun, außer auf Verträge zu schauen, die ein gewisses Limit überschritten. Aber es war ihm gestattet, den Vorstand zu wählen und zu entlassen. Die regulären Meetings des Rates waren nur ein oder zwei Mal im Jahr. In den zehn Jahren meiner Amtszeit haben wir uns aber öfter getroffen, um den Vorstand personell zu verändern.

Ende 2014 war es dann so weit, dass ich alle Ämter niedergelegt habe. Auch als Stadionsprecher wollte ich nicht mehr weitermachen. Auf der einen Seite gab es deutliche Kommunikationsprobleme zwischen dem damaligen Vorstand und dem Aufsichtsgremium, das mich dazu brachte, den Weg für neue Leute frei zu machen. Und da ich jemand bin, der Dinge gerne entweder ganz oder gar nicht macht, war es nur konsequent, auch das Stadion-Mikrofon abzugeben.

Einen Job wollte ich jedoch behalten, weil er nur am Rande mit den Adlern zu tun hatte. Seit 2012 findet der

German Bowl ständig in Berlin statt. Das Jahnstadion wurde damals dem *deutschen Football Verband AFVD* vom Berliner Senat als Spielstätte angeboten, weil die Veranstalter in Magdeburg kurzfristig abgesagt hatten. Ich wurde dann auch als Stadionsprecher gebucht und mache das immer noch. Dabei kommt mir zugute, dass ich völlig unparteiisch in die Begegnungen der letzten Jahre gehen konnte, da die Adler seit 2010 nicht mehr in einem German Bowl vertreten waren.

Es macht aber wahnsinnig viel Spaß, beim German Bowl das Feeling eines Endspiels zu erleben. Auch wenn es nicht der Super Bowl ist, es ist immerhin das größte Football-Endspiel Europas, mit den meisten Zuschauern und der wohl stärksten Liga des Kontinents.

Und dann kam *ran*

Seit dem Ende der NFL Europe wurde es sehr ruhig, was die Jobs als Reporter anging. Zum Glück war es ja nicht so, dass ich davon abhängig war. Ich habe das immer als Hobby gesehen, mit dem man sogar noch etwas Geld verdienen kann.

Schon kurz nach dem Jahrtausendwechsel hatte ich nach dem Studium einen Job in der Firma meines Vaters angefangen. Dabei kam mir meine Ausbildung zugute. Ich habe bei Siemens Feingeräteelektroniker gelernt, nach der Lehre war ich dann noch ein halbes Jahr bei Siemens und habe dann die Fachhochschulreife gemacht. Danach studierte ich zunächst Verfahrens- und Umwelttechnik, wechselte dann aber zurück zur Nachrichtentechnik. Das dauerte natürlich alles seine Zeit, weil ich zu Beginn das Augenmerk nicht unbedingt auf das Lernen, sondern eher auf den Sport gelegt hatte. Später kam dann dazu, dass ich mit den Nebenjobs ganz gut ausgelastet war. Aber irgendwann muss man ja seriös werden. Das kam allerdings eher zwangsweise. Denn die Medienlandschaft in Berlin und auch überhaupt veränderte sich zusehends.

Es gab immer weniger Platz in den Zeitungen, und private Radio- oder TV-Sender wurden eingestellt oder verzichteten weitestgehend auf eigene Sport-Redaktionen. Nur ab und zu gab es mal eine Anfrage von ein paar bayerischen Radiosendern. Da konnte ich dann Spiele der Eisbären Juniors kommentieren. Die spielten in der Oberliga unter anderem gegen Mannschaften aus

Franken und Bayern. Da blieb ich mit den Spielreportagen wenigstens etwas in der Übung. Da ich seit Ende 2014 auch nicht mehr Stadionsprecher bei den Adlern war, konnte ich mich voll und ganz auf meinen regulären Job konzentrieren.

Denn was viele nicht wissen, ich bin ich seit 2004 selbstständig und führe mit meinem Freund und Partner Mark eine Firma für Kommunikationstechnik. Zu Beginn waren wir noch zu dritt, mit meinem Vater, der sich aber 2010 zur Ruhe setzte. Durch die Geduld von Mark und der Möglichkeit, die Arbeitszeit auch mal etwas anders einzuteilen, ließ sich der Nebenjob immer gut mit der eigentlichen Arbeit vereinbaren. Und in den letzten Jahren war ja sowieso nebenbei kaum was los. Zum Super Bowl wurde ich im Laufe der Jahre immer wieder mal um Interviews gebeten. Das waren meistens Radiosender, die von mir einen Tipp haben wollten, oder wie 2010, als ich privat den Super Bowl zwischen Indianapolis und New Orleans in Miami besucht habe.

Der Berliner Rocksender Star FM war zu diesem Zeitpunkt Medienpartner der Adler und bat um ein Gespräch für die Morningshow. Dazu musste ich nach dem Spiel ein ruhiges Eckchen finden und berichtete dann per Telefon, wie ich das Spiel im Stadion verfolgt habe. Dabei hatte ich im Herbst sogar noch mal kurzen Kontakt zur ARD, die das Spiel nach Deutschland übertrugen. Ich bekam zum 40. Geburtstag den Flug und die Übernachtung für das Super-Bowl-Wochenende geschenkt. Ich fragte dann bei der ARD-Redaktion nach, ob sie mich gebrauchen können. Ich bin ja sowieso da, und sie müssten sich um nichts weiter kümmern, als eine Akkreditierung für mich. Dann wäre ich dabei und könnte helfen. Ich wollte ja noch nicht mal Honorar. Aber eine Woche vor dem Spiel hieß es, sie haben leider keine Arbeitskarte mehr bekommen und sie brauchen mich auch nicht. Nur gut, dass ich mich darauf nicht verlassen hatte. Ich habe über meine Kontakte aus der NFL-Europe-Zeit noch die Möglichkeit bekommen, eine Karte zum regulären Preis zu kaufen. Das habe ich dann auch gemacht. Und obwohl ich zum Anfang skeptisch war, ob das mit der Bestellung und Bezahlung vorab per Kreditkarte so alles geklappt hat, hielt ich mein Ticket am Samstag vor dem Super Sunday in der Hand. Und ich muss sagen, der Platz war jeden Dollar wert. Erste Reihe, Mittellinie direkt hinter der Bank der New Orleans Saints. Ich konnte mit ein bisschen nach vorne lehnen sogar in ein Playbook der Saints schauen. Leider blieb diese geniale Erfahrung dann für längere Zeit erst mal die letzte live vor Ort. So hatte ich mehr Zeit für den Job und meine anderen Hobbys, im Winter Eishockey und im Sommer Golf spielen.

Im Januar 2015 kam dann ein Anruf wie aus dem nichts. Ich weiß nicht, ob es daran lag, dass einer meiner Eishockeykumpels in einer verantwortlichen Position beim SAT.1 Frühstücksfernsehen arbeitet, oder ob es Zufall und Recherche des zuständigen Redakteurs war. Jedenfalls fragte mich das Frühstücksfernsehen an, ob ich an dem Morgen nach dem Super Bowl ins Studio kommen kann, um über das Endspiel zu reden.

Ich musste, ehrlich gesagt, ziemlich überlegen, ob ich mir das antue. Das Spiel der Seattle Seahawks gegen die New England Patriots begann ja wie jeder Super Bowl in der Nacht von Sonntag auf Montag erst um kurz nach halb eins morgens deutscher Zeit. Die Sendung begann direkt im Anschluss planmäßig um 5 Uhr 30. Ich hatte mir zwar wie fast jedes Jahr den Montag danach frei genommen, aber nach einer Super-Bowl-Party aufbleiben und im Fernsehen noch ein vernünftiges Interview zu geben, war dann doch schon eine anstrengende Nummer. Dazu kam dann im zweiten Gespräch mit dem Redakteur, dass er mich bat in kompletter Football-Ausrüstung zu kommen.

Gut, dass er mein verdutztes Gesicht am Telefon nicht sehen konnte. Ich hatte seit mehr als 15 Jahren keine Ausrüstung mehr angehabt, und war auch nicht mehr in der körperlichen Verfassung von damals. Aber na gut, wenn sie es sehen wollten. Zwar habe ich immer noch mein letztes Shoulder Pad und einen Helm im Keller rum zu liegen, aber das sind eigentlich nur noch historische Relikte und Überbleibsel aus einer längst vergangenen Zeit. Irgendwie fand ich die Vorstellung nach einer durchgefeierten Nacht, in Football-Ausrüstung im Fernsehen zu sitzen nach einer Weile ganz lustig.

Ich warnte den Redakteur vor, dass es sein könne, dass ich recht knapp vor der Sendung erst da sein könnte und eventuell auch nicht ganz 100%ig nüchtern. Da musste er lachen und sagte mir zu, dass dies kein Problem sei. Sie würden mich mit einem Taxi abholen und auch wieder zurückbringen und Hauptsache ich hätte Spaß dabei und kann das rüberbringen. Na gut, dachte ich mir, dann mache ich mich mal auf die Suche nach aktuellen Football-Klamotten. Natürlich borgten mir die Adler einen Helm, Trikot und Hose von der aktuellen GFL-Mannschaft. War ja auch eine gute Werbung für sie. Ich vereinbarte die Abholzeit für 4 Uhr 30 und feierte mit einigen Freunden in meinem zweiten Wohnzimmer, dem Uncle Sams Diner in Zehlendorf. Dort schaute ich regelmäßig die Spiele an jedem verdammten Sonntag seit 2007.

Das Spiel war sauspannend und blieb es auch bis zum Ende. Dadurch war es kein Problem, wach zu bleiben. In der zweiten Halbzeit hielt ich mich dann mit koffeinhaltigen Getränken fit, um nicht bei den Antworten zu sehr in Verlegenheit zu kommen. Doch das brauchte ich gar nicht. Die Patriots gewannen den Super Bowl und Sebastian Vollmer war als Leistungsträger der Offense eine der tragenden Säulen. Zum ersten Mal gewann der Mann aus der Nähe von Düsseldorf die Vince Lombardi Trophy. Das war die Steilvorlage für unseren Talk im Morgenmagazin.

Ich war pünktlich im Studio und hatte alles dabei. Ball, Helm, Schuhe, Pads, Trikot und Hose. Mehr braucht man nicht als Footballer. Der Moderator Matthias Killing stellte mir die richtigen Fragen und ich konnte endlich mal wieder richtig über den faszinierenden Sport philosophieren. Und das zwischen 5 Uhr 30 und 8 Uhr 30, hätte nicht gedacht, dass ich um die Uhrzeit schon gedanklich fit bin. Normalerweise schlägt mein Herz um diese Uhrzeit noch gar nicht. Als Krönung gab es dann noch einen kleinen Striptease. Leider nicht von den hübschen Cheerleadern, die als Background mit dabei waren, sondern von mir: Matthias fragte mich, was denn unter so einer Ausrüstung so alles darunter- oder drinsteckt. Da zog ich kurzerhand das Pad aus und zeigte, dass gar nicht so viel außer dem Körper dabei ist. Natürlich hat gerade der Helm und auch der Schulterschutz schon einiges an Polsterung, aber darunter war halt nur noch das T-Shirt, was ich aber anließ. Und auch in der Hose sind nur kleine Schützer aus Hartplastik oder Schaumstoff. Der Rest muss durch Muskeln geschützt werden. Das kam erstaunlicherweise gut an, was ich da im Talk erzählt und gezeigt habe.

Ich ging im Anschluss noch kurz ins Büro zum Arbeiten. Ich war erst mal über den Punkt des müde seins hinweg, das konnte aber auch an den Unmengen von Cola und Kaffee gelegen haben, die ich zwischen 2 und 8 Uhr getrunken hatte.

Ein gutes halbes Jahr später bekam ich wieder einen Anruf von SAT.1. Ich hatte selbstverständlich aus den Medien schon erfahren, dass ProSiebenSAT.1 sich die Rechte an der NFL gesichert hat. Den Casting-Aufruf für das neue Format hatte ich auch gesehen, allerdings wollte ich mich nicht darauf bewerben. Ich bin nicht so gut in gestellten Situationen und dachte auch nicht, dass ich da eine Chance habe. Circa 14 Tage vor Beginn der NFL-Saison 2015 klingelte also mein Telefon mit einer Münchener Nummer.

„Hallo hier ist Icke", war als erstes zu hören. Nun kannte ich keinen Icke, und dann schon gar nicht jemanden aus München mit Berliner Dialekt. Christoph Dommisch erklärte mir dann aber sehr schnell, worum es ging. Er fragte mich, ob ich in der kommenden Woche mal nach München zum Casting kommen könnte.

Ich hörte mir an, wie die Rahmenbedingen sein sollten und was ran so vorhatte. Nach fünf Minuten hatte Icke mich an der Angel. So viel Football im deutschen Free TV, dass hörte sich nach einem spannenden Projekt an. So machte ich mich dann am 2. September auf nach Unterföhring ins Studio. Ich wusste nicht, was mich erwartete, nur das ich ein paar bekannte Gesichter sehen werde. Die Football-Szene ist nicht so riesig und Leute die auch noch vernünftig darüber reden können, gibt es auch nicht wie Sand am Meer. Im Sendezentrum angefangen, traf ich als erstes auf meinen Mannschaftskameraden aus den 90er Jahren in Berlin, Jörg Opuchlik. Er war auch für das Casting eingeladen, allerdings auf der anderen Seite des Tisches. Wie ich vor Ort dann mitbekam, wurden an dem Tag sowohl Kommentatoren als auch Experten getestet.

Jörg gehörte zu den Kommentatoren, ich zu den Experten. Die Vorbereitungszeit war extrem kurz nur etwa 10 Minuten, da im Ablauf für das Casting etwas umgestellt werden musste. Das störte mich überhaupt nicht, mit Druck konnte ich schon immer gut umgehen. Ich erfuhr, welches Spiel wir bekommen werden und mit wem ich kommentieren sollte.

Es war der Super Bowl XLVII zwischen den Baltimore Ravens und den San Francisco 49ers und kein geringer als Frank Buschmann der mit mir am Tisch saß. Ich merkte, dass ich zu Beginn etwas eingerostet war, aber nach einigen Minuten war ich absolut drin. Es machte mir so sehr Spaß, dass ich gar nicht merkte, wie schnell die 15 Minuten Test vorbei waren, und ich hatte keine Ahnung, wie ich abgeschnitten hatte. Ich ging raus und unterhielt mich noch eine Weile mit Jörg und Jan Stecker.

Jan war ja schon seit einiger Zeit mit dabei, wenn SAT.1 den Super Bowl übertragen hat. Wir kennen uns schon so lange, und haben uns immer wieder mal bei den verschiedensten Gelegenheiten wiedergetroffen. Jan gab mir eine gute Kritik und so fuhr ich nach etwa einer Stunde vor Ort wieder nach Berlin zurück. Auf dem Weg stoppte ich noch bei meinen Eltern, die mittlerweile in einem kleinen Dorf im Fichtelgebirge wohnen.

Als ich dort ankam, erhielt ich eine SMS von Jörg, der noch vor Ort im Sendezentrum war, dass ich mich wohl darauf vorbereiten könne, demnächst öfter mal nach München zu kommen. Ich freute mich wie ein Schneekönig und hoffte, dass es wirklich so kommen würde.

Bereits zwei Tage später traf ich mich in Berlin mit Alexander Rösner, dem Chef von ran. Wir sprachen über das Casting und die Aufgaben der kommenden Zeit. Das eigentliche Bewerbungsgespräch war ziemlich schnell beendet, beide waren wir uns einig, dass wir zusammen das Projekt „#ranNFL" angehen wollen.

Nicht mal eine Woche später am 10. September 2015 war ich dann gemeinsam mit Jan Stecker das erste Mal vor der Kamera. Wir übertrugen den Season Opener mit den New England Patriots und Pittsburg Steelers live in SAT.1.

Erst Wochen später habe ich erfahren, wie die ran-Redaktion auf die Idee gekommen ist, mich zu dem Casting einzuladen. Schließlich hatten wir vorher keinen direkten Kontakt. Alex Rösner hatte sich natürlich ein wenig in der Szene umgehört und rumgefragt, wer denn infrage kommen würde. Das erzählte er mir auch bei unserem Gespräch vor der Saison. Denn wir unterhielten uns, nachdem klar war, dass wir zusammenarbeiten, noch mindestens eine halbe Stunde darüber, wen wir alles als gemeinsame Bekannte hatten. Da gab es einige Überschneidungen in den vergangenen 15 Jahren. Und einer davon war es, der ihm empfohlen hat, mich zu testen. Diesem jemanden hatte ich vor einigen Jahren zu einer zweiten Karriere verholfen, nun hatte er sich revanchiert.

Vielen Dank, Axel Kruse!

Die MISSION RANDBREITEN:

Wir wollen nicht die 41. Dirk Nowitzki Biografie auflegen.
Wir wollen auch nicht Lothar Matthäus, Philipp Lahm oder
Kevin Großkreutz verpflichten.

Wir wollen für euch und uns Stories auflegen, die neu sind,
unverfälscht und vielleicht noch nie richtig erzählt wurden.

Wir wollen denen das Wort erteilen, die nicht in Sportbild,
Sportschau und Gala ständig erwähnt werden.

Randbreiten =
Sport_Literatur vom PASSIONIERTEN für den Fan.

Alex von Kuczkowski

mit Gastbeiträgen von Björn Werner
und Carsten Spengemann

„In diesem Buch geht es nicht um Spielzüge und Taktik.
Es geht vielmehr um einen Blick hinter die Kulissen.
Die NFL ist wie eine TV-Serie. Jeden Tag passiert was Neues,
was Anderes, oft auch was Einzigartiges. Was Unfassbares.
Was Unvorhergesehenes. Wenn man in die Welt der NFL
eintaucht, gehört Popcorn dazu.“

ISBN Taschenbuch: 978-3-947166-00-8
ISBN eBook: 978-3-947166-50-3

Bildrechte und Urheberschaft:

Coverbild: **Alexandra Meister**

Frontispiz: **Hattwich**

Übrige: **Familie Motzkus**